신방수 세무사의
늦어도 50에 시작하는
세금 공부

이 책의 출판권은 ㈜두드림미디어에 있습니다.
저작권법에 의해 보호받는 저작물이므로 무단 전재와 복제를 금합니다.

신방수 세무사의
늦어도 50에 시작하는 세금 공부

국민연금부터 건강보험료, 상속·증여와
가족 법인까지, 50대 전후의 재무 전략

신방수 지음

두드림미디어

머리말

우리나라에서 50세는 재무와 세금을 알아야 하는 전환점이다. 자녀 교육, 부모 봉양, 은퇴 준비 등으로 현금흐름이 복잡해지고, 재산 이전이나 연금 수령 등 세금과 관련된 결정이 본격적으로 시작되기 때문이다. 그런데 많은 사람이 이 중요한 시기를 맞이하면서도 세금 등과 관련된 문제는 뒷전으로 미루곤 한다. 우선 공부하기도 쉽지 않고 설령 공부한다고 해서 바로 돈이 벌리는 것이 아니기 때문이다. 하지만 세금을 모르면 생활이 크게 불편해진다. 국민연금을 받을 때도 세금과 건강보험료가 부과되는데, 모르면 그냥 낼 수밖에 없기 때문이다. 더 나아가 자녀에게 돈을 줄 때도, 부동산을 처분할 때도 다양한 세무상 쟁점이 발생하는 것이 현실이다.

이 책은 이러한 관점에서 50대 이후의 삶을 준비하고 있거나 영위하고 있는 사람들을 위해 집필했다. 그렇다면 이 책의 장점은 무엇일까?

첫째, 국내 최초로 50대를 위한 세무상 쟁점 등을 다루었다.

이 책은 8개의 장과 부록으로 구성되어 있다. 1장부터 3장은 세금과 건강보험료의 기본 구조를, 4장부터 8장까지는 50대가 이를 기초로 실전에서 세금 등을 활용하는 방법을 다루고 있다. 한편 부록에서는 생애 재무 및 세금 관리법, 직장인과 사업자의 연금구축법을 다루고 있다.

- 1장 늦어도 50세에 세금 공부를 시작해야 하는 이유
- 2장 50대 이후의 소득에 부과되는 세금들
- 3장 50대 이후의 건강보험료 어떻게 부과되는가?
- 4장 실전 종합소득과 세금, 그리고 건강보험료
- 5장 퇴직소득과 세금, 그리고 건강보험료
- 6장 부동산 또는 금융자산과 세금, 그리고 건강보험료
- 7장 50대부터 알아야 할 상속·증여 지식
- 8장 50대부터 알아두면 좋을 가족법인 활용법
- 부록 인생 재무·세금 관리법과 직장인·사업자의 연금구축법

둘째, 실전에 필요한 다양한 사례를 들어 문제해결을 쉽게 할 수 있도록 했다.

이 책은 기본적인 내용은 물론이고, 실전에 필요한 사례를 최대한 발굴해 이해의 깊이를 더할 수 있도록 노력을 많이 했다. 저자가 현장에서 문제를 어떻게 해결하는지를 지켜보는 것만으로도 이와 유사한 세무 문제를 손쉽게 해결할 수 있을 것으로 기대한다. 이외 실무적으로 더 알아두면 유용할 정보들은 Tip이나 절세 탐구를 신설해서 정보의 가치를 더했다.

셋째, 50대가 꼭 알아야 할 내용을 다양하게 다루었다.

50대들이 알아야 할 세금과 건강보험료 등은 생각보다 복잡하다. 세금 항목도 많을뿐더러 상황이 바뀌면 그에 따른 과세 방법 등이 수시로 바뀌기 때문이다. 이에 저자는 중요성의 원칙에 따라 50대가 반드시 알아둬야 할 주제들을 선별해 심도 있게 분석했다. 예를 들어, 국민연금과 사적연금, 그리고 주택 등에 대한 세금과 건강보험료는 물론이고, 3대 연금을 구축하는 방법. 주택연금을 활용하는 방법, 자녀에게 계좌이체 하는 요령, 상속세 다루는 방법, 가족법인 활용법 등이 이에 해당한다. 특히 가족법인은 노후 대책에서 새로운 솔루션이 될 수 있으므로 이를 잘 살펴보기를 바란다.

이번에 국내 최초로 선보이는 《늦어도 50에 시작하는 세금 공부》는 세금에 관심 있는 분들이라면 누구라도 쉽게 볼 수 있도록 체계적으로 집필했다. 따라서 50대를 포함한 모든 일반인은 물론이고 금융이나 자산관리 업계, 세무회계 업계 등 관련 직종이 보면 도움이 될 것이다.

만약 책을 읽다가 궁금한 내용이나 세무 상담이 필요한 경우, 저자가 운영하는 네이버 카페(신방수세무아카데미)를 활용하기를 바란다. 이 카페에는 부동산 세금 계산기와 세무 등에 대한 다양한 정보도 아울러 제공하고 있다. 또한, 좀 더 깊은 내용을 알고 싶다면 저자의 다른 책들을 참조하기 바란다.

이 책은 많은 분의 도움을 받았다. 우선 이 책의 전반적인 내용을 살펴주신 이천우 삼성생명 강북AFC 지점장님께 감사의 말씀을 드린다.

또한, 아낌없이 응원해주는 카페 회원분, 가족의 행복을 위해 늘 기도하는 아내 배순자와 젊은 날에 자신의 삶을 위해 고군분투하고 있는 두 딸 하영이와 주영이에게 감사의 말씀을 드린다.

아무쪼록 이 책이 노후 대비와 관련된 세금 등에 잘 대처하고자 하는 분들에게 도움이 되었으면 한다.

독자들의 건승을 기원한다.

역삼동 사무실에서
신방수 세무사

차례

머리말 … 4
일러두기 … 12

제1장 늦어도 50세에 세금 공부를 시작해야 하는 이유

모두가 세금을 공부해야 하는 이유 … 14
50대가 세금을 더 공부해야 하는 이유 … 16
우리나라 세금의 종류 … 19
50대가 퇴직 전후에 알아야 하는 세금들 … 23
재산 세금을 특히 잘 알아야 하는 이유 … 27
50대가 현장에서 세금 문제를 해결하는 방법 … 33
절세 탐구 세목별 과세 방법과 세율 구조 … 37

제2장 50대 이후의 소득에 부과되는 세금들

소득이 발생할 때 꼭 알아야 할 것들 … 42
종합소득에 대한 과세 방법 판단 절차 … 46
50대가 꼭 알아둬야 하는 종합과세의 구조 … 51
선택적 분리과세 … 59
종합소득세 신고 방법 … 64
분류과세 소득과 세금, 그리고 건보료 … 68
절세 탐구 원천징수 대상 소득과 세율 … 71

제3장 | 50대 이후의 건강보험료는 어떻게 부과되는가?

50대는 왜 건보료에 민감한가? … 78
직장가입자의 건보료 부과 방식 … 82
직장가입 탈퇴자가 피부양자 되는 방법 … 86
지역가입자의 건보료 부과 방식 … 92

절세 탐구 50대의 건보료 절약법 … 95

제4장 | 실전 종합소득과 세금, 그리고 건강보험료

50대가 종합소득을 받기 전에 알아야 할 것들 … 100
금융소득과 세금, 그리고 건보료 … 104
근로소득과 세금, 그리고 건보료 … 109
사업소득과 세금, 그리고 건보료 … 113
프리랜서와 세금(환급 포함), 그리고 건보료 … 117
주택임대소득과 세금, 그리고 건보료 … 123
상가임대업과 세금, 그리고 건보료 … 129
국민연금소득과 세금, 그리고 건보료 … 133
국민연금공단의 연말정산 절차 … 138
개인연금소득과 세금, 그리고 건보료 … 142
기타소득과 세금, 그리고 건보료 … 146

절세 탐구 1 3대 연금과 세금, 그리고 건보료 종합정리 … 151
절세 탐구 2 주택연금과 세금, 그리고 건보료 … 156

제5장 | 퇴직소득과 세금, 그리고 건강보험료

퇴직금 받기 전에 알아야 할 것들 … 162
퇴직소득세 계산법 … 167
임금 피크제와 퇴직금 중간정산 … 171
퇴직연금 수령 시 세금 처리 방식 … 174

절세 탐구 퇴직금과 퇴직연금의 과세체계 종합정리 … 178

제6장 | 부동산 또는 금융자산과 세금, 그리고 건강보험료

50대가 자산과 관련해 알아야 할 것들 … 184
부동산과 세금, 그리고 노후 대책 … 189
거주용 주택의 활용과 세금 … 193
세대 분리와 합가 시 주의해야 할 주택 세금 … 197
토지(농지)와 세금, 그리고 건보료 … 201
예·적금과 세금, 그리고 건보료 … 205
저축성·보장성보험과 세금, 그리고 건보료 … 211
주식과 세금, 그리고 건보료 … 215

제7장 | 50대부터 알아야 할 상속·증여 지식

50대가 알아야 할 상속과 증여 … 220
50대가 알아야 할 상속 지식 … 226
상속재산이 얼마나 있어야 상속세가 나올까? … 231
상속재산은 누가 받을까? … 236
50대가 알아야 할 증여 지식 … 241
혼인·출산 증여공제 활용법 … 247
혼수용품을 사주면 증여세가 나올까? … 251
차입과 증여를 구분하는 요령(차용증) … 255

절세 탐구 상속 vs 증여, 절세 타이밍 찾기 … 259

제8장 | 50대부터 알아두면 좋을 가족법인 활용법

50대가 알아야 할 가족법인의 장단점 … 264
50대가 가족법인을 통해 급여를 받는 법 … 268
50대가 법인을 통해 경비처리 하는 방법 … 273
가족법인의 과세 방법과 세후 이익의 계산 … 278
가족법인으로부터 배당금을 받을 때 알아야 할 것들 … 282

부록 | 인생 재무·세금 관리법과 직장인·사업자의 연금 구축법

인생 재무와 세금 관리법 … 288
직장인의 연금자산 구축 … 294
사업자의 연금자산 구축 … 299

• 일러두기 •

이 책을 읽을 때는 다음 사항에 주의하시기 바랍니다.

1 개정세법의 확인

이 책은 2025년 7월 말에 적용되고 있는 세법을 기준으로 집필되었습니다. 실무에 적용 시에는 그 당시에 적용되고 있는 세법을 확인하는 것이 좋습니다. 세법 개정이 수시로 있기 때문입니다.

2 용어의 사용

이 책은 다음과 같이 용어를 사용하고 있습니다.

- 양도소득세 ▶ 양도세
- 건강보험료 ▶ 건보료

3 세무 등 관련 법률정보

- 건강보험과 국민연금에 대한 모의 계산 등은 해당 공단 홈페이지에서 알 수 있습니다.
- 주택연금에 대한 정보는 한국주택금융공사 홈페이지에서 알 수 있습니다.
- 부동산 세금이나 상속세나 증여세 모의 계산은 홈택스 홈페이지나 저자의 카페를 활용할 수 있습니다.
- 소득세 신고 등에 대한 정보는 국세청 홈택스에서 알 수 있습니다.

4 책 내용 및 세무 상담 등에 대한 문의

책 표지의 안 날개 하단을 참조하시기 바랍니다. 특히 세무 상담은 저자의 카페에서 자유롭게 할 수 있으니 잘 활용하시기 바랍니다.

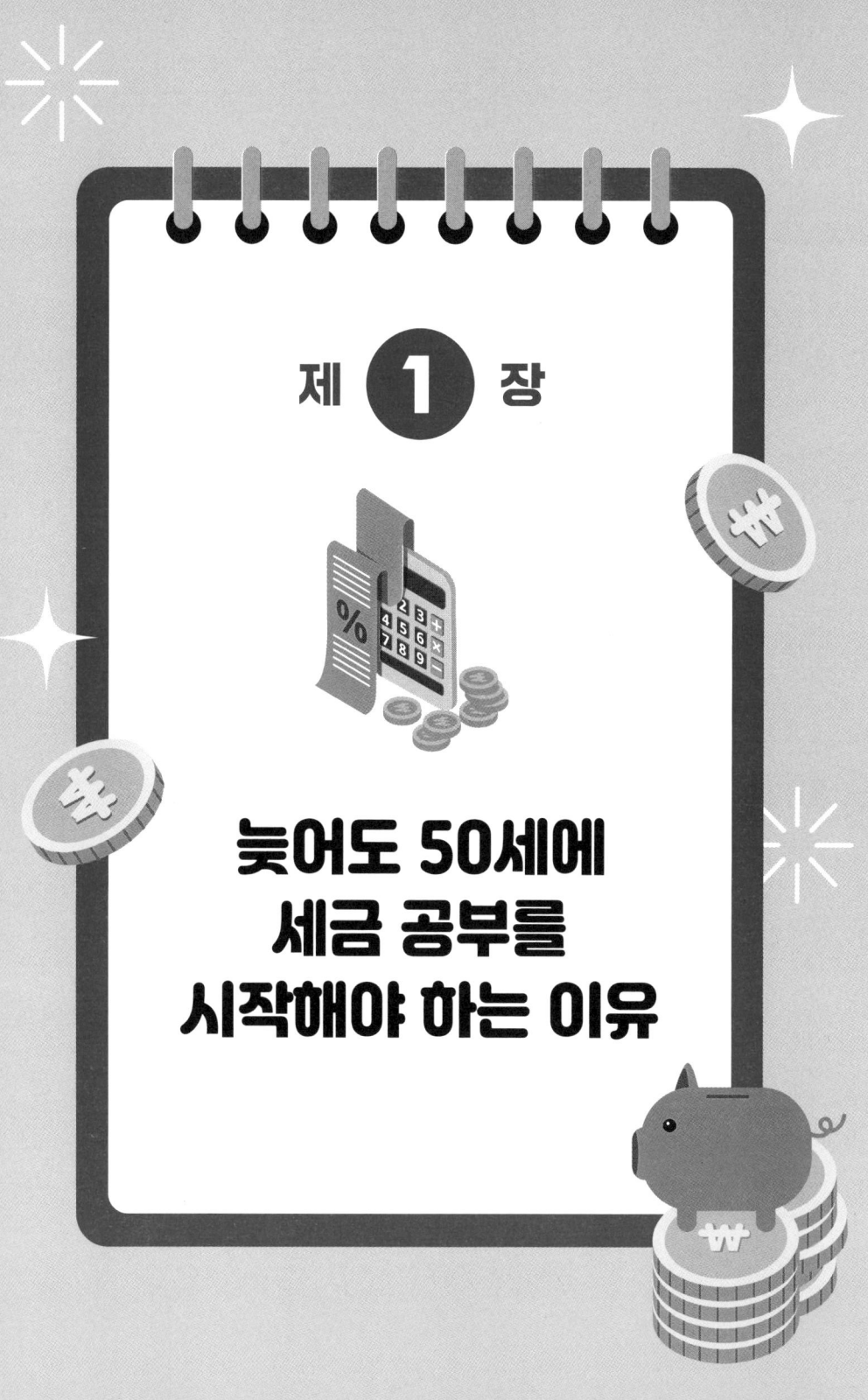

모두가 세금을 공부해야 하는 이유

직장인이든 사업자든 또는 은퇴기에 있든 아니든 우리는 세금을 알아야 한다. '이 세상에 태어나 피할 수 없는 것이 죽음과 세금'이라는 말이 있지 않은가!

그런데 대부분 사람은 일상생활을 하면서 세금에 대한 중요성은 알지만, 막상 어떤 식으로 접근할 것인지에 대해서는 그 방법을 몰라 허둥대는 경우가 많다. 세금 제도가 생각보다 복잡하기 때문이다. 그래서 지레짐작으로 세금 지식을 얻는 것을 포기하는 경우가 많다. 하지만 세금은 평생 따라다니는 것이기에, 이를 반드시 기필코 제대로 이해해야 한다. 이에 대한 구체적인 이유 몇 가지만 나열해보자.

첫째, 세금 지출을 통제할 수 있기 때문이다.

세금은 국가의 예산에 충당하기 위해 법에 정해진 요건에 해당하면 무조건 징수하는 것이 원칙이다. 그래서 세금 망에 한번 걸리면 나의 사정을 절대 봐주지 않는다. 봐주는 순간 나라의 곳간이 채워지지 않을 테니까 말이다. 그래서 체납을 하면 받을 때까지 신용불량자가 되고 출국 금지를 당하고 재산추적을 받게 된다. 따라서 이러한 일을 당하지 않기 위해서는 세금을 알아야 한다.

>> 세금은 매년 400~500조 원이 걷힌다. 이의 대부분은 개인과 기업이 나눠 내게 된다. 예를 들어 은퇴자가 연금을 받으면 연금소득세를, 사업자가 사업 소득이 발생하면 사업소득세를 낸다.

둘째, 손해를 방지할 수 있기 때문이다.

피할 수 없는 것이 세금이라는 것을 알았다면 필수로 이에 대한 기초적인 내용 정도는 알고 있어야 한다. 그래야 최소한 세금으로부터 재산을 지킬 수 있기 때문이다. 특히 은퇴에 대한 걱정 없이 직장을 다닐 때 관심밖에 있었던 세금이 은퇴 이후에는 봇물 터지듯 쏟아지는 것이 현실이다. 이를테면, 퇴직금이나 연금에 대한 세금, 사업에 대한 세금, 건강보험료(건보료) 등이 대표적이다. 이외에 부동산 거래를 하거나 성장한 자녀에 대한 증여나 부모의 사망에 따른 상속세 처리 등도 어김없이 등장한다. 이러한 세금들은 세무 전문가도 정확히 따라가기 힘든 경우가 많다.

>> 50대가 처음 세금을 공부할 때는 전체 세금의 체계를 이해한 후, 자신의 상황에 맞는 항목부터 중점적으로 학습하는 것이 좋다.

셋째, 세금을 활용할 수 있기 때문이다.

세금을 조금 더 공부하다 보면 본인에게 유리한 상황을 만들 수가 있다. 예를 들어, 퇴직금을 일시금이 아닌 연금으로 받거나 법인을 만들어 건보료를 줄이는 것, 그리고 2주택자가 저가의 주택을 먼저 처분한 후 나머지 주택을 처분해 비과세 받는 것 등이 이에 해당한다.

>> '아는 만큼 절세한다'라는 말이 있다. 세금을 알아야 제대로 대처할 수 있다.

50대가 세금을
더 공부해야 하는 이유

　세금은 은퇴 이전까지는 연말정산이나 1주택 양도세 비과세 정도만 알아두더라도 불편함은 거의 없다. 하지만 은퇴 이후에는 생각지도 못하는 세금들이 발생해 삶을 불편하게 하는 경우가 많다. 평생 세금을 몰라도 될 것 같아 담을 쌓고 지내왔지만, 막상 눈앞에서 펼쳐진 환경들은 전혀 그렇지 않기 때문이다. 즉, 생활 자체에 세금이 깊숙이 개입되어 있기 때문이다. 그래서 지금까지 세금에 관해 관심이 없었던 50대들은 지금부터라도 진지하게 세금 공부에 나서야 한다. 50대가 세금을 꼭 공부해야 하는 이유를 좀 더 구체적으로 알아보자.

　첫째, 소득에 대한 세금을 통제하기 위해서다.
　은퇴 전후가 되면 소득의 종류가 다양해진다. 예를 들어, 퇴직 시에 만나게 되는 퇴직소득부터 은퇴 후에 받는 연금소득이 대표적이다. 그런데 이 연금소득은 공적연금소득과 사적연금소득으로 나뉘며, 이외 이자소득이나 사업소득, 기타소득 등이 발생하기도 한다. 이처럼 개인에게 다양한 소득이 발생하면 그에 맞는 세금이 따라다니기 마련이며,

이외 건보료 등을 합하면 상당한 지출이 발생할 수 있다. 따라서 이에 대한 소득세와 건보료 등을 통제하기 위해서는 세금을 공부할 수밖에 없다.

> ▶▶ 예비은퇴자나 은퇴자들을 개인의 소득 종류에 따른 세금 정산법을 알아둬야 한다. 그리고 세금과 건보료 등이 과도하면 이를 낮추는 방법도 알아둬야 한다. 이런 것을 등한시하면 원하는 은퇴 준비와 노후 생활을 할 수 없는 것이 현실이다.

둘째, 재산 세금이 과중하기 때문이다.

예비은퇴자인 직장인이 벌어들인 소득은 모두 지출로 소비하는 것은 아닐 것이다. 이 중 일부는 저축하거나 자산 등에 투자하는 경우가 많다. 그런데 이 과정에서 다양한 세금 문제가 발생하는 경우가 많다. 특히 부동산이 그렇다. 부동산 거래와 관련된 세목도 많거니와 중과세 제도 등이 작동하고 있기 때문이다.

> ▶▶ 50대들이 노후 생활을 원만히 하기 위해서는 재산에 관련된 세금만큼은 철저히 공부해야 한다. 특히 부동산은 취득, 보유, 처분 등의 과정에서 생각보다 많은 세금이 발생할 가능성이 크다.

셋째, 가족을 둘러싼 세금도 복잡하기 때문이다.

50대가 세금을 알아야 하는 이유 중 마지막은 바로 가족들의 둘러싼 다양한 세금 문제를 해결하기 위해서다. 가족들이 당면한 세금 문제는 이렇다.

- 자녀와 관련된 것 : 세대 분리, 증여, 직계 간 매매, 자금 대여 등
- 부모와 관련된 것 : 동거 봉양 합가, 상속, 증여 등

≫ 가족 간에 발생하는 세금 문제는 열거할 수 없을 정도로 다양하게 발생한다. 특히 상속과 증여는 세금이 상당히 많으므로 이에 대해서도 꾸준한 관심을 둘 필요가 있다. 이외 자녀의 세대 분리, 부모와 세대 합가에 따른 다양한 세무상 쟁점도 무시할 수 없으므로 주의해야 한다.

Tip 50대가 자주 겪는 세금 함정 사례들

- 퇴직금을 일시에 받아 퇴직소득세를 많이 내는 경우가 있다.
- 연금저축을 중도에 해지해 16.5%만큼 세금을 내는 경우가 발생한다.
- 지역 건보료에 대한 지식이 없어 과도하게 부담하는 경우가 많다.
- 사업 세금을 잘못 처리해 불필요한 세금을 내는 경우가 많다.
- 세대 구성원에 따라 달라지는 세제를 이해하지 못해 세금을 과중하게 내는 경우가 많이 발생한다.
- 가족 간에 부동산을 저가로 매매해 양도세, 증여세, 취득세 등을 추징당하는 일들이 발생한다.

우리나라 세금의 종류

앞에서 보았듯이 50대든 아니든 모두가 세금을 알아야 한다. 그런데 세금이라는 녀석은 단순하지 않다. 다양한 방식으로 과세하기 때문이다. 그래서 이에 대한 대비를 조금이라도 해두려면 기회가 있을 때마다 모든 세금을 하나씩 알아두는 것이 좋다. 이러한 관점에서 우리나라 세금의 종류부터 파악해보자.

1. 세금의 종류

우리가 내는 세금은 크게 소득과 소비, 그리고 재산(자산)에 부과되는 것으로 삼등분을 할 수 있다. 참고로 소득에 부과되는 세금에는 국세 외에 지방세가 별도로 부과되는 것이 원칙이다. 예를 들어, 소득세가 100만 원 발생하면 지방소득세(구 주민세)는 10만 원이 된다(상속세나 증여세는 지방소득세 없음).

첫째, 소득에 부과되는 세금

소득이란 어떤 활동이나 자산으로부터 얻는 모든 경제적 이익을 말한다. 예를 들면, 월급, 장사해서 남는 돈, 집세 받는 것, 부동산 양도차익, 주식 배당, 이자, 연금 등이 이에 해당한다. 현행 세법은 이러한 소득이 개인에게 발생하면 소득세가 법인에 발생하면 법인세가 부과된다.

>> 소득세는 50대에게 가장 중요한 세목이 된다. 퇴직금, 연금, 사업, 이자 등의 소득에 대한 세금 처리 방식을 알아야 하기 때문이다. 한편 은퇴자에게 있어 법인도 많은 이점을 주는 만큼 이에 대한 세금 구조 등도 알아두는 것이 좋을 것으로 보인다(8장 참조).

둘째, 소비에 부과되는 세금

소비는 벌어들인 소득을 써서 무언가를 사거나 이용하는 것을 말하는데, 이에 대한 대표적인 세금은 바로 부가가치세다. 통상 물건을 사거나 서비스를 이용할 때 공급가액의 10%로 부과된다.

>> 부가가치세는 은퇴와 무관하게 발생하는 것이므로 별다른 쟁점이 발생하지 않는다. 하지만 은퇴자가 사업을 영위하는 순간, 이 세금을 달리 접하게 될 가능성이 크다. 사업자에게는 매우 중요한 세금이기 때문이다.

셋째, 재산에 부과되는 세금

재산*은 돈이 되거나, 권리가 있거나, 팔 수 있거나, 남에게 줄 수 있는 것들을 말한다. 이러한 재산에 대해서는 다양한 세금이 발생한다. 예를 들어, 부동산을 취득하면 취득세가 보유하면 재산세나 종합부동산세가 발생하며, 이를 양도하면 양도세가 무상으로 이전하면 상속세나 증여세가 발생한다.

* 재산은 법률상의 용어, 자산은 회계상의 용어에 해당한다. 이 책에서는 이 둘의 용어를 혼용해서 사용하고 있다.

>> 자산은 크게 부동산과 금융자산으로 구분되는데, 이의 취득부터 처분까지 다양한 세금 문제가 발생한다.

2. 적용 사례

사례를 통해 이러한 내용을 확인해보자.

01 근로소득과 국민연금소득(공적연금소득)이 동시에 발생했다고 하자. 이 경우, 소득세는 어떤 식으로 과세되는가?

이 소득들을 합산해 6~45%로 종합과세하는 것이 원칙이다. 참고로 민간회사에서 받은 사적연금소득(연금저축 등)은 연간 수령액이 1,500만 원 미만이면 원칙적으로 3~5%로 분리과세(원천징수 세액 납부로 과세가 종결)가 적용된다.

02 소액 주주가 상장 주식을 양도하면 양도세가 비과세된다. 그렇다면 법인이 이를 양도하면 비과세가 적용되는가?

그렇지 않다. 현행 세법은 개인이 양도하는 경우에만 비과세를 적용하기 때문이다.

03 K씨는 자녀의 결혼에 맞춰 1억 5,000만 원을 주려고 한다. 증여세가 나오는가?

나오지 않는다. 자녀가 결혼한 경우에는 1억 원까지 혼인·출산 증여공제가 적용되고, 이 밖에 기본공제 5,000만 원이 적용되기 때문이다.

04 아버지의 재산이 10억 원 이하인 상태에서 상속이 발생하면 상속세는 나오는가? 어머니는 살아계신다.

상속세는 개인 재산에 대해 과세되는데, 상속공제액을 초과한 금액에 대해 10~50%의 세율로 과세된다. 여기서 기본상속공제액은 10억 원(일괄공제, 배우자 상속공제)이므로 이 경우 상속세는 부과되지 않아 보인다.

>> 상속세는 사전에 증여한 재산, 재산평가 방법, 상속공제 제도의 개정 등에 따라 세금의 크기가 달라질 수 있다.

Tip 세금의 분류

구분	국세	지방세
소득*	소득세(양도세 포함), 법인세	지방소득세
소비	부가가치세	–
재산*	종부세, 상속세, 증여세	취득세, 재산세

* 소득과 재산에 대해서는 지역에서 건보료가 발생할 수 있다. 건보료는 세금은 아니지만 준 세금으로 불린다.

50대가 퇴직 전후에 알아야 하는 세금들

앞에서 본 세금들은 국가와 지방자치단체의 주요 재원으로 사용되는 것으로 평생 나의 곁을 떠나지 않는다. 그렇다면 당장 은퇴가 내일모레라 하면 어떤 세금 문제가 쟁점으로 떠오를까?

아마 모르긴 몰라도 노후 소득을 줄이는 데 가장 앞장서는 다음과 같은 것들이 아닐까 싶다.

- 퇴직금은 얼마이며, 세금은 얼마나 될까?
- 연금은 언제부터 받으며, 세금은 어떻게 낼까?
- 건보료는 얼마나 나올까?

참고로 여기서 건보료는 세금은 아니지만, 은퇴자에게는 세금보다도 더 큰 부담이 될 수 있다. 매월 20~50만 원 정도의 건보료를 내는 때도 있을 수 있기 때문이다.

첫째, 퇴직금은 얼마이며, 세금은 얼마나 될까?

직장인이 퇴직하게 되면 퇴직금을 받게 된다. 물론 퇴직금은 세법상 개인의 소득에 해당하므로 이에 대해서는 소득세(퇴직소득세)로 과세된다.

▶▶ 독자들은 본인의 퇴직소득세를 계산하고 절세하는 방법도 같이 숙지해야 한다. 예를 들어, 퇴직금을 일시금으로 받을 때 1,000만 원의 세금이 나왔다고 하자. 그런데 이를 연금식으로 받으면 세금이 700만 원으로 줄어든다고 하자. 이렇게 되면 후자를 선택하는 식으로 의사결정을 할 수 있어야 한다. 참고로 퇴직소득(퇴직연금 포함)은 지역에서 건보료를 낼 때 이의 산정소득에는 포함되지 않는다는 점도 여기에서 알아두자.

둘째, 연금은 언제부터 받으며 세금은 어떻게 낼까?

연금은 평생 또는 정해진 기간 내에 매월 등의 단위로 현금을 받는 것을 말한다. 일반적으로 국가로부터 받은 연금(공적연금)은 평생 받지만, 민간회사로부터 받는 연금(사적연금)은 사전에 약정한 기간에 맞춰 이를 받게 된다. 그렇다면 이러한 소득에 대해서는 얼마만큼의 세금을 내야 할까? 상식적으로 보건대 연금에 과도한 세금이 부과되면 노후 생활이 어려워질 수 있다. 그래서 대부분 세금을 약하게 부과하고 있다. 물론 연금을 중도에 해지해 일시금을 받으면 정상적으로 세금을 매긴다(실무적으로 이 부분이 중요하다).

- 공적연금 → 국민연금 등을 말하며, 이는 종합과세를 원칙으로 한다.
- 사적연금 → 퇴직연금, 개인연금 등을 말하며, 이는 분리과세를 원칙으로 한다(단, 일부는 종합과세를 선택할 수 있음).

▶▶ 은퇴자는 공적연금을 중심으로 종합과세 방식을 제대로 알아야 한다.

셋째, 건보료는 얼마나 나올까?

은퇴자의 관점에서 가장 곤혹스러운 지출 중의 하나가 바로 건보료가 아닐까 싶다. 지역에서 건보료를 내는 경우가 일반적이기 때문이다. 아시다시피 지역 건보료는 소득과 재산의 조합으로 부과된다. 다만, 소득과 재산이 얼마 안 될 때는 자녀의 피부양자로 등록해 건보료를 면제받기도 하고, 재취업을 하면 이전 직장처럼 직장에서 건보료를 내면 되므로 이러한 점도 알아두면 좋을 것으로 보인다.

- 직장 가입 → 피부양자 자격 여부 확인 → 피부양자 자격이 없으면 지역가입

2. 적용 사례

사례를 통해 위의 내용을 확인해보자.

01 K씨가 퇴직하면 무슨 세금을 내야 하는가? 단, K씨의 퇴직금은 퇴직연금에 가입되어 있다.

퇴직금에 대해서는 퇴직소득세가 발생하는 것이 원칙이다. 다만, 세법은 퇴직금을 일시금이 아닌 연금으로 받는 경우 퇴직소득세의 30~40%를 할인한 세액을 수령액에 맞춰 과세하고 있다.

02 K씨가 퇴직 후 피부양자가 되는 방법은 무엇인가?

소득과 재산이 건강보험법상 피부양자 요건을 충족해야 한다. 즉 피부양자가 되기 위해서는 다음의 소득 요건과 재산 요건을 동시에 충족해야 한다. 좀 더 자세한 요건은 뒤에서 살펴본다.

- 소득 요건 : 종합소득이 2,000만 원 이하일 것
- 재산 요건 : 재산세 과세표준이 5억 4,000만 원(재산세 과세표준이 5.4~9억 원 이하는 위 소득이 1,000만 원 이하여야 함)

> **Tip 건보료 대처 방법**
>
> 직장을 떠나게 되면 자녀의 피부양자로 인정되는지를 확인하는 것이 순서다. 만약 피부양자의 자격이 없다면 지역 건보료가 얼마가 나오는지, 그리고 이에 대한 대비법은 무엇인지를 점검한다.

재산 세금을 특히
잘 알아야 하는 이유

50대 이후에는 앞에서 다룬 세무 이슈 외에도 다양한 주의점이 생긴다. 대표적인 것이 바로 부동산과 금융자산에 대한 세금이다. 이들은 자산을 증식하거나 노후의 현금흐름을 만드는 과정에서 핵심 역할을 한다. 이들 자산과 관련해서는 다음과 같은 내용이 쟁점이 된다.

- 부동산(금융자산)을 양도할 때 세금은 얼마나 나올까?
- 부동산(금융자산)에 대해 건보료는 어떤 식으로 나올까?
- 부동산(금융자산)을 증여하면 증여세가 얼마나 나올까?
- 부모님의 유산에 대해 상속세는 얼마나 나올까?

여기에서는 부동산을 위주로 살펴보자. 금융자산에 관한 세금 문제는 7장에서 살펴본다.

1. 부동산과 세금

부동산을 시장에서 거래하거나 아니면 무상으로 증여나 상속을 하는 경우가 있다. 이때 다양한 세금 문제가 발생한다.

첫째, 부동산을 시장에서 거래할 때 발생하는 세금은 2가지로 구분해 살펴보는 것이 좋다.

- 현재 가족이 보유한 부동산에 대한 세금은 어떻게 되는가?
- 현재 상태에서 주택이나 기타 부동산을 취득하거나 보유 또는 양도할 때 세금 관계는 어떻게 바뀌는가?

≫ 실무에서 보면 부동산 세금은 상당히 복잡하다. 따라서 부동산 세금은 혼자보다는 주위의 세무 전문가와 함께 풀어가는 것이 좋을 것으로 보인다.

둘째, 부동산을 배우자나 자녀에게 증여해도 다양한 세금 관계가 형성된다.

증여는 생전에 무상으로 재산을 이전하는 것을 말하며, 세법은 이에 대해 증여세를 부과하게 된다. 50대의 관점에서 보면 자녀의 결혼자금 등을 지원할 때, 그리고 배우자 간 자산을 나눠 관리할 때 증여세가 과세되는 경우가 많다. 따라서 조금이라도 이에 대한 세금을 줄이기 위해서는 다음과 같은 내용을 살펴보자.

- 거래되는 내용이 증여에 해당하는가?
- 증여에 해당하면 증여세와 취득세는 얼마나 나오는가?
- 증여세가 나온다면 이를 줄일 방법은 무엇인가?
- 사전에 증여한 금액은 상속세에 어떤 영향을 줄까?

▶▶ 증여 전에 재산가액을 어떤 식으로 평가하는지, 그리고 증여재산가액에서 차감되는 공제액(배우자 6억 원, 성년 자녀 5,000만 원 등)은 얼마인지 등을 알아두면 좋다.

셋째, 부동산을 상속받은 경우에도 세금이 따라다닌다.

상속세는 사망 후 남긴 유산에 대해 과세되는 세금이다. 이러한 세금도 2가지 관점에서 다루면 좋다.

- 부모님이 돌아가실 때 상속세는 얼마나 나오는가?
- 본인에 대한 상속세는 얼마나 나올까? 나온다면 이에 대한 대안은 무엇인가?

▶▶ 상속세는 10년(상속인 외의 자는 5년) 전에 증여한 재산과 상속 시 발생한 자산가액의 합계액에서 상속공제를 차감해 계산한다. 여기서 상속공제액은 기본적으로 10억 원이 적용되므로 최소한 중산층 이상에게 적용되는 세금에 해당한다. 그런데 최근 정부와 국회에서는 이 제도를 변경시키려고 하고 있기에 제도의 변화에 맞게 이를 따라잡으려는 노력을 할 필요가 있다.

넷째, 재산에 대해서는 건보료가 다음과 같이 따라다닌다.
- 직장가입자는 재산에 대해 건보료가 나오지 않는다.
- 직장가입자 탈퇴 후 피부양자 판정 시 재산의 크기도 고려된다(재산세 과세표준 9억 원 초과 시 탈락 등).
- 지역가입자는 재산에 대해서도 건보료가 나온다.

▶▶ 위의 재산은 주로 토지와 건물, 주택, 선박, 항공기를 말하며, 금융자산은 제외된다. 금융자산에서 발생한 이자소득 등은 건보료 대상이 된다.

2. 적용 사례

사례를 통해 위의 내용을 확인해보자. K씨는 다음과 같이 자산을 보유하고 있다.

〈자료〉
- 1세대 2주택 보유(모두 지방에 소재하며, 한 채는 임대 중임)
- 임대 중인 주택의 시가는 5억 원(기준시가 3억 원)

01 임대 중인 주택을 양도하면 양도세는 얼마나 예상되는가? 양도차익은 1억 원이고, 보유 기간은 5년 정도가 된다.

50대들은 자신이 보유한 부동산을 양도할 때 발생하는 양도세 정도는 가뿐히 계산할 수 있어야 한다. 그래야 이에 대한 대안을 마련할 수 있다.

- 양도차익 : 1억 원
    - 장기보유특별공제 : 1,000만 원(1억 원×10%, 5년 보유×2%)
    - 기본공제 : 250만 원
    = 과세표준 : 8,750만 원
    × 세율 : 24%
    - 누진 공제 : 576만 원
    = 산출세액 : 1,524만 원(지방소득세 10% 별도)

≫ 양도세 및 증여세 등은 국세청 홈택스나 저자의 카페 등을 통해서 간편하게 시뮬레이션할 수 있다. 참고로 1세대 1주택자는 2년 이상 보유(일부는 2년 이상 거주)하면 12억 원까지는 양도세 비과세가 적용된다. 단, 양도가액이 12억 원 초과 시에는 양도차익 중 일부에 대해서는 과세된다.

02 임대 중인 주택을 배우자나 자녀에게 증여하면, 어떤 세금이 발생하는가?

증여하면 증여세와 취득세가 부과된다.

- 증여세 : [증여재산가액(시가)-증여공제(배우자 간 6억 원, 성년 자녀 5,000만 원 등)]×10~50%
- 취득세 : 증여재산가액(시가)×3.5~12%

배우자의 경우 6억 원에 미달하면 증여세는 없으나 취득세가 발생한다. 자녀의 경우에는 5,000만 원을 초과하므로 다음과 같이 세금이 예상된다. 단, 취득세율은 4.0%라고 하자.

- 증여세 : (5억 원-5,000만 원)×20%-1,000만 원(누진 공제)
 = 8,000만 원
- 취득세 : 5억 원×4.0% = 2,000만 원
계 : 1억 원

03 K씨가 보유한 재산은 시가로 10억 원가량 된다. 이 상태에서는 상속세 절세를 위해 미리 증여할 동기는 있는가? K씨는 배우자가 생존해 있다.

부부가 생존한 상태에서는 10억 원까지는 상속세가 발생하지 않는다. 따라서 이러한 상황에서는 사전 증여의 필요성이 거의 없다.

>> 참고로 향후 상속세 제도가 확 바뀔 가능성이 크다. 7장을 참조하기 바란다.

04 K씨가 보유한 재산과 건보료는 관계가 있는가?

K씨가 직장가입자이면 무관하나 지역가입자이면 재산(주로 부동산을 말한다)에 대해서도 건보료가 발생한다.

Tip 자산과 현금흐름

개인이 평생 일군 자산은 다음과 같이 재무상태표로 요약할 수 있다.

자산 현금 금융자산(예금, 보험, 연금, 주식 등) 부동산(주택, 상가, 토지 등)	부채
	자본(순 자산)

이러한 자산은 다음과 같은 용도에 투입될 수 있다.
- 노후 생활비 충당
- 긴급 의료비 대응
- 자녀 등에 대한 결혼자금 증여 등

50대가 현장에서 세금 문제를 해결하는 방법

지금까지 50대가 알아야 할 세무상 이슈 등을 살펴보았다. 그런데 실제 현장에서는 예상치 못한 일들이 발생해 곤란한 상황에 부닥치는 경우가 많다. 따라서 50대들은 주어진 상황에 따른 세금 문제를 해결하는 방법도 알아둘 필요가 있다. 다음에서 이에 대해 알아보자.

첫째, 소득을 받는 경우

각종 소득을 받을 때라면 소득의 성격에 맞는 과세 방법을 생각해야 한다. 소득의 성격에 따라 세금 정산 방식이 다르기 때문이다. 예를 들어, 자유 직업소득자가 제공한 용역에 따른 대가가 100만 원이라면, 일반적으로 이의 3.3%를 공제한 후 나머지를 받게 된다. 그렇다면 세금은 3.3%만 내면 그만일까? 아니다. 여기서 3.3%는 소득 누락을 방지하기 위해 일종의 안전장치로 향후 낼 세금 중 일부만 선제적으로 징수하는 것에 불과하다. 따라서 눈앞의 소득이 높다고 해서 무계획적으로 쓰게 되면 뒤늦은 세금 정산에 당황할 수 있다. 따라서 소득(이자·배당·근로·사업·연금·기타소득, 퇴직·양도소득)이 발생하면 향후 세금을 어떤 식으로 처리되는지를 이해할 수 있어야 한다. 이때 해당 소득이 건보료와 어떤 관련성이 있는지도 함께 알아두면 좋다. 일단 앞에서 본 소득을 중심으로 이를 표로 정리해보자. 물론 자세한 것은 뒤에서 살펴본다.

구분	소득세 과세 방법	건보료 산정 시 소득 포함 여부
이자·배당소득	2,000만 원 초과 시 : 종합과세(이하는 분리과세)	1,000만 원 초과분 포함
근로소득	종합과세	포함(직장가입분은 제외하고 50% 포함)
사업소득		포함
연금소득	• 공적연금 : 종합과세 • 사적연금 : 분리과세 원칙	• 공적연금 : 50% 포함 • 사적연금 : 미포함
기타소득	종합과세(소득금액 300만 원 이하는 분리과세)	포함
퇴직소득*	퇴직소득세로 별도과세	미포함
양도소득	양도세로 별도과세	

* 퇴직연금은 연금소득(사적연금)으로 분류된다.

표에서 종합과세는 1년간 발생한 모든 소득을 합해서 6~45%로 과세하는 것을, 분리과세는 발생한 소득만을 가지고 14% 같은 세율로 과세하는 것을 말한다. 이에 대해서는 원칙적으로 건보료 대상이 된다. 한편 퇴직소득과 양도소득은 종합소득이 아니므로 이에 대해서는 별개의 구조로 세금을 계산한다. 이들 소득에 대해서는 지역에서 건보료 산정할 때 소득으로 보지 않는다.

둘째, 각종 세금 신고를 하기 전인 경우

50대에 들어선 이후에 본인 스스로 세금 신고를 하는 경우는 크게 3가지로 구분할 수 있다. 근로소득이나 퇴직소득만 있다면 회사나 금융기관에서 이를 대행하기 때문이다.

- 종합소득세를 신고하는 경우
- 양도세를 신고하는 경우
- 상속세나 증여세를 신고하는 경우

이 중 당장 급한 것은 종합소득세 신고다. 앞에서 본 이자와 배당소득, 근로소득, 사업소득, 연금소득 등이 한꺼번에 발생하면 다음 해 5월 중에 종합소득세 신고를 해야 하기 때문이다. 그런데 종합소득세 신고는 본인 스스로 처리하는 것이 힘든 경우가 많아 대부분 외부의 세무회계 사무실을 이용하는데, 필요한 자료는 본인이 직접 챙겨야 한다는 점에 유의해야 한다. 자료를 어떤 식으로 챙기느냐에 따라 소득과 건보료의 크기가 달라질 수 있다.

>> 요즘은 국세청 홈택스를 통해 스스로 세금 신고를 할 수 있는 환경이 조성되고 있다. 하지만 신고를 쉽게 할 수 있다고 해서 무턱대고 신고하다가는 예기치 않은 봉변을 당할 수 있다. 세금 결과를 도출하기 전까지는 다양한 변수들을 통제할 수 있어야 하기 때문이다. 특히 양도세나 상속세 같은 세금은 세무사를 적극적으로 활용해 신고하는 것을 검토해야 한다. 신고수수료 아낀다고 인터넷 카페 등에서 얻은 정보로 신고해 나중에 낭패를 당한 경우가 종종 발견된 것도 모두 이와 관련이 있다.

셋째, 세금 신고를 한 후에 문제가 발생하는 경우

본인이 세금을 신고했든, 아니면 세무 대리인을 통해 세금을 신고했든 사후에 문제가 되는 경우가 자주 발생한다. 신고한 내용에서 오류나 탈루가 발생한 것이 주된 이유가 된다. 그렇다면 이 경우 어떤 불이익이 있을까?

- 잘못 신고한 것이 확실한 경우 → 이 경우에는 원래 내야 할 세금

외에 2가지의 가산세가 발생한다. 하나는 신고를 잘못한 건에 대한 신고불성실 가산세(일반은 10%, 부당은 40%), 다른 하나는 연체이자 성격의 납부 지연 가산세(연간 8.03%)가 된다.

- 세무 조사 등이 진행되는 경우 → 대부분 세금은 신고 후 5년(상속세나 증여세는 10~15년) 내에서는 언제든지 세무 조사 등의 가능성이 크다.

≫ 세금 신고 후에 문제가 발생하면 가산세 등의 불이익이 크기 때문에 사전에 정확한 검토 하에 신고가 되도록 하는 것이 좋다. 참고로 이와 반대로 세금을 과다하게 납부한 경우에는 5년 전의 것도 환급을 신청할 수 있다(이를 경정청구 제도라고 한다).

Tip 세무 상담 등을 쉽게 하는 방법

구분	활용 방법	비고
세무 상담	• 국세청 홈택스 〉 상담 코너 활용 • 국세청 전화 상담(국번 없이 126) • 저자의 네이버 카페(신방수세무아카데미), 세무 커뮤니티 등	단순 질문은 홈택스로도 가능하나, 복합 사례는 세무사 직접 상담이 유리
세금 신고	• 홈택스 전자신고/손택스 앱 • 세무회계 사무소 의뢰	사업자는 부가세/종합소득세 신고 시 사무소 이용 시 정확도↑
건보료 확인	• 국민건강보험공단 홈페이지 〉 모의 계산 • 건강보험 앱 사용 가능	• 소득/재산/사업자등록 여부에 따라 다름 • 피부양자 자격도 함께 확인 가능
연금 수령액 확인	• 내연금.kr(국민연금공단 통합 사이트) • 국민연금공단 '예상연금 모의 계산'	• 국민연금, 공무원연금, 사학연금 등 통합 가능 • 민간 연금은 해당 보험사 문의
보험 상품 정보 확인	• 금융감독원 파인(fine.fss.or.kr) • 생명보험·손해보험협회 통합조회 • 각 보험사 고객센터	• 숨은 보험금 찾기 포함 • 직접 조회 필요

절세 탐구 | 세목별 과세 방법과 세율 구조

50대가 앞으로 세금 등에 대한 문제를 잘 해결하기 위해서는 다음과 같은 필수적인 세목에 대한 과세 방법 등을 이해할 필요가 있다.

세목	과세 방법	세율 구조
1. 종합소득세	종합과세	6~45%(누진)
2. 퇴직소득세	분류과세	6~45%/연분 연승법
3. 양도세	분류과세	보유 기간별 70%, 60%, 6~45% 등 다양
4. 상속세·증여세	각각 과세	10~50%(누진)
5. 법인세	단일 과세	9~24%, 소규모 성실신고 법인(임대업 등) 19~24%

아래에서는 위의 세목별로 과세 방법과 세율 구조 등을 알아보자.

1. 종합소득세

종합소득세는 6가지 개인의 소득(이자·배당소득, 근로소득, 사업소득, 연금소득, 기타소득)을 합산해 6~45%로 과세하는 세금을 말한다.

▶ 과세표준 : 종합소득금액-종합소득공제
▶ 세율 : 8단계 누진세율

과세표준	세율	누진 공제
1,400만 원 이하	6%	-
1,400만 원~5,000만 원 이하	15%	126만 원
5,000만 원~8,800만 원 이하	24%	576만 원
8,800만 원~1억 5,000만 원 이하	35%	1,544만 원

과세표준	세율	누진 공제
1억 5,000만 원~3억 원 이하	38%	1,994만 원
3억 원~5억 원 이하	40%	2,594만 원
5억 원~10억 원 이하	42%	3,594만 원
10억 원 초과	45%	6,594만 원

2. 퇴직소득세

퇴직소득세는 퇴직금을 일시금으로 받는 경우의 세금을 말한다. 퇴직소득세는 분류과세한다(퇴직연금은 분리과세).

- ▶ 과세표준 : 환산급여-환산급여 퇴직소득공제
- ▶ 세율 : 6~45%(연분 연승법)

▶▶ 퇴직소득세의 세율 적용법은 5장에서 살펴본다.

3. 양도세

양도세는 주로 부동산의 양도차익에 과세하는 세금을 말한다. 분류과세 하는 것이 원칙이다.

- ▶ 과세표준 : 양도차익-장기보유특별공제(0~80%)-기본공제
- ▶ 세율 : 단일세율, 누진세율 등 다양

구분	세율
1년 미만 보유	50%(주택·입주권·주택분양권은 70%)
1~2년 미만 보유	40%(주택·입주권·주택분양권은 60%)
2년 이상 보유	6~45%(주택분양권은 60%)
중과세(주택)	6~45%+20~30%P
중과세(비사업용 토지)	6~45%+10%P
미등기전매	70%

4. 상속세와 증여세

상속세는 사후의 유산에 대해, 증여세는 생전에 무상으로 이전되는 재산에 과세하는 세금을 말한다. 상속세는 일반적으로 10억 원이 공제되며, 증여세는 배우자는 6억 원, 성년 자녀는 5,000만 원이 공제된다.

▶ 과세표준
- 상속세 : 상속재산가액-상속공제 등
- 증여세 : 증여재산가액-증여공제

▶ 세율 : 5단계 누진세율(상속세와 증여세율은 같음)

과세표준	세율	누진 공제액
1억 원 이하	10%	-
1억 원~5억 원 이하	20%	1,000만 원
5억 원~10억 원 이하	30%	6,000만 원
10억 원~30억 원 이하	40%	1억 6,000만 원
30억 원 초과	50%	4억 6,000만 원

5. 법인세

　법인세는 법인이 벌어들인 이익에 대해 9~24%(소규모 성실신고 법인은 19~24%)로 과세하는 세금을 말한다(참고로 2025년 7월 31일에 발표된 세제 개편안에 따르면 2026년부터 아래 표의 법인세율이 각각 10~25%, 20~25%로 1%P씩 인상된다).

▶ 과세표준 : 각 사업 연도소득금액－이월결손금 등
▶ 세율 : 4단계 누진세율(단, 소규모 성실신고 법인은 3단계 누진세율)

과세표준	법인세율	
	일반법인	소규모 성실신고 법인
2억 원 이하	9%	19%
2억 원~200억 원 이하	19%	
200억 원~3,000억 원 이하	21%	21%
3,000억 원 초과	24%	24%

* 소규모 성실신고 법인은 아래의 요건을 모두 충족한 법인을 말한다.
- 최대 주주의 지분율이 50% 초과할 것
- 주업이 임대업이거나 전체 매출 중 임대·이자·배당소득이 차지하는 비중이 50% 이상일 것
- 상시근로자 수가 5인 미만일 것

　참고로 앞의 소규모 성실신고 법인에 대해서는 다음과 같은 규제도 적용되고 있다.
- 성실신고 확인 제도 적용
- 업무용 승용차 비용 규제(운행일지 미작성 시 500만 원 비용 인정)
- 기업업무 추진비 한도 축소(기본한도 600만 원, 2025년 2월 28일 이후 개시하는 분부터 적용) 등

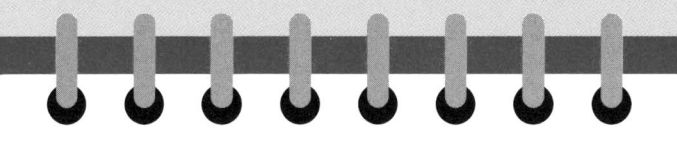

제 2 장

50대 이후의 소득에 부과되는 세금들

소득이 발생할 때
꼭 알아야 할 것들

50대를 포함한 경제활동을 하는 사람들은 대부분 소득을 창출하면서 일생을 보내게 된다. 소득은 개인 등이 노동력 등을 제공해서 받은 대가 등을 말한다. 그런데 이러한 소득에 대해서는 일정 부분 세금이나 건보료 등을 내야 한다. 이를 내지 않으면 국가 시스템이 작동하지 않기 때문이다. 하지만 세금 등을 내는 처지에서는 자신의 소득에 합당한 것만 내야 한다. 과도하거나 과소하면 불공평이 발생하기 때문이다. 따라서 이러한 관점에서는 소득과 관련된 쟁점들은 미리 이해하고 통제할 필요가 있다. 다음에서 이에 대해 알아보자.

1. 소득이 발생할 때 꼭 알아야 할 것들

첫째, 소득 종류의 파악이다.

소득은 개인 등이 일 등을 통해 벌어들인 경제적인 이익으로 정의되나, 과세 등을 위해서는 세법에서 열거가 되어 있어야 한다. 열거가 되지 않은 소득에 대해서는 과세할 수 없기 때문이다. 이에 소득세법에서는 다음과 같이 8가지 소득을 열거하고 있다.

- 일상적인 소득(종합소득) : 이자·배당소득*, 근로소득, 사업소득, 연금소득, 기타소득
  * 이를 묶어서 금융소득이라고 한다.

- 비일상적인 소득 : 퇴직소득, 양도소득

둘째, 소득 종류에 따른 과세 방법이다.

위 소득은 크게 2가지 종류로 구분된다. 하나는 일상적인 소득이고, 다른 하나는 비일상적인 소득이다. 이에 세법은 전자에 대해서는 원칙적으로 이 소득들을 합산해 종합과세(6~45%)하고, 후자에 대해서는 별도의 구조로 과세한다(분류과세라고 함). 소득의 성격이 다르므로 전자와 후자를 구별하는 것이다.

>> 전자에 대해 종합과세를 적용할 때 모든 소득을 합산하는 것은 아니다. 예를 들어, 근로소득 외에 이자소득이 100만 원 발생한 경우 원칙적으로 이를 합산해서 종합과세해야 하나, 이 경우 세수 증가의 효과는 거의 없는 대신에 세무 행정만 복잡해지고 납세자가 불편해진다. 그래서 종합소득 중 종합과세의 실익이 없는 것들은 합산하지 않고, 해당 소득만 가지고 저렴한 세율(일부는 고율세율)로 과세를 종결시킨다(이를 분리과세*라고 한다).

* 분류과세는 종합소득이 아닌 퇴직소득이나 양도소득에 대한 과세 방법을 말하며, 분리과세는 종합소득이지만 합산하지 않고 분리해 과세하는 방식을 말한다.

셋째, 소득과 건보료의 관계다.

종합소득(퇴직소득과 양도소득은 제외)이 발생하면 건보료를 내야 한다. 직장가입자는 급여를 기준으로 7.09%(이 중 1/2은 회사 부담)를 내지만, 지역가입자는 종합소득과 재산을 가지고 보험료가 부과된다. 따라서 직장가입자가 아닌 경우에는 소득 등에 어떤 식으로 건보료가 나오는지

를 정확히 이해할 필요가 있다.

>> 이에 대해서는 3장에서 살펴본다.

2. 적용 사례

사례를 통해 위의 내용을 확인해보자.

01 K씨는 상가임대소득과 국민연금(공적연금소득)이 동시에 발생했다. 이 경우, 세금 정산 방식은 어떠한가?

상가임대소득과 공적연금소득은 종합소득에 해당한다. 따라서 이 둘의 소득을 합산해 다음 해 5월 중에 종합소득세로 신고해야 한다. 참고로 공적연금소득은 공단에서 다음 해 1월 중에 연말정산을 하며, 여기서 나온 소득자료와 상가임대 관련 소득자료를 합해 종합소득세 신고를 한다.*

* 이러한 신고 의무를 이행하지 않으면 가산세가 발생할 수 있으나, 합산과세의 실익이 없는 경우에는 추징이 안 될 수도 있다.

02 종합과세를 하면 세금이 많아지는 이유는 무엇인가?

세율이 6~45%의 누진구조로 되어 있기 때문이다. 예를 들어, 종합소득세 과세표준이 1,400만 원 이하는 6%가 적용되나, 10억 원을 초과하면 45%가 적용된다. 여기에 지방소득세 10%를 더하면 45%는 49.5%까지 올라가게 된다.

03 퇴직소득과 양도소득은 왜 분류과세하는가?

종합소득에 이를 합산해 6~45%로 과세하면 세금이 많이 증가할 수 있기 때문이다.

※ **분류과세 소득의 특징**

구분	내용
① 일시적 성격	수십 년간의 근로에 대한 퇴직금이나, 오랜 기간 보유한 자산의 양도차익은 일회성 소득임.
② 누진세의 역진 방지	종합소득에 합산하면 일시적으로 과세표준이 급등 → 고율세율 적용 → 과세 형평성 문제 발생
③ 정산 방식 필요	퇴직소득은 근속연수, 양도소득은 보유 기간·필요경비 등을 고려해 별도의 계산 구조가 필요함.

04 지역에서 소득에 대한 건보료를 낼 때 어떤 소득이 이에 해당하는가?

일상적인 소득이다. 따라서 퇴직소득(퇴직연금 포함)이나 양도소득에 대해서는 건보료가 부과되지 않는다. 건보료는 해마다 내는 준조세로 일상적인 소득에 부과하는 것이 타당하기 때문이다(이외 부동산에 대해서도 별도로 부과함).

Tip 소득세 과세 방법 요약

- 종합소득
  - 종합과세 : 합산과세, 누진세율(6~45%)
  - 분리과세 : 합산 안 함, 원천징수 세율(3%, 14% 등 다양)
- 분류소득 – 분류과세 : 합산 안 함, 별도세율(퇴직소득 6~45%/연분 연승법, 양도소득 50%, 40%, 6~45% 등 다양)

종합소득에 대한
과세 방법 판단 절차

50대는 은퇴 전후에 소득이 발생하면 세금이 어떤 식으로 과세되는지를 정확히 이해할 필요가 있다. 이 부분을 이해하지 못하면 달라지는 상황에서 정확한 의사결정이 힘들어지기 때문이다. 다음에서는 주로 종합소득에 대한 과세 방법 판단에 관한 내용부터 순차적으로 알아보자.

1. 종합소득에 대한 과세 방법 판단

종합소득에 대한 과세 방법은 다음과 같은 순서대로 파악하는 것이 좋다.

과세 방법	내용	비고
① 무조건 분리과세	종합소득에 포함하지 않고 별도세율로 과세 종결	예 : 연 2,000만 원 이하의 금융소득, 복권당첨금
② 선택적 분리과세	납세자가 선택 가능 : 종합과세와 분리과세 중 유리한 쪽 선택	예 : 연 2,000만 원 이하의 주택임대소득, 개인연금소득, 기타소득(강연료 등)

| ③ 종합과세 | 다른 소득과 합산해 누진세율 적용 | 예 : 사업소득, 근로소득, 공적연금 |

① 무조건 분리과세

무조건 분리과세는 종합소득 중 합산과세의 실익 없는 소득에 대해 14%(지방소득세 포함 시 15.4%) 등의 원천징수*로 납세 의무를 종결시키는 것을 말한다. 따라서 소득자는 추가적인 신고 및 납부 의무가 없어 상당히 간편한 방법이 된다.

* 원천징수란, 소득을 지급하는 사람이 세금을 미리 떼서 국가에 대신 납부하는 제도를 말한다. 원천징수 대상 소득은 이 장의 절세 탐구에서 살펴볼 수 있다.

▶ 2,000만 원 이하의 금융소득, 일용직 근로소득, 복권당첨소득, 연금소득 중도해지 수령(15%), 퇴직연금(퇴직소득세의 60~70%) 등

예를 들어, 이자가 연간 1,000만 원 발생한 경우 154만 원을 제외한 나머지 846만 원이 입금된다. 금융소득이 2,000만 원 이하면 종합과세가 적용되지 않고 무조건 분리과세가 적용되므로 이 경우, 소득자는 추가적인 신고 의무가 없다.

>> 이자소득에 대한 세금이 상당히 많지만, 현행 세법은 해당 세금에 대해서는 절대 환급해주지 않는다. 이자소득 등 금융소득은 일종의 불로소득으로 보기 때문이다. 이외 개인연금을 중도에 해지한 경우에는 불이익을 주는 관점에서 15% 분리과세를 적용한다.

② 선택적 분리과세

선택적 분리과세는 본인의 선택에 따라 분리과세와 종합과세 중 하

나를 선택할 수 있는 제도를 말한다.

▶ 2,000만 원 이하의 주택임대소득(필요경비 등 공제 후 14%), 사적연금소득(3~5%, 단, 1,500만 원 초과분은 15%), 기타소득(소득금액 22%, 강의료 등) 등

≫ 선택적 분리과세는 납세자에게 선택권이 있으므로 이에 대한 의사결정을 잘 할 수 있어야 한다. 참고로 2026년부터 2,000만 원이 넘는 상장법인의 배당소득에 대해서도 선택적 분리과세가 허용될 전망이다(108페이지 참조).

- 분리과세 세액 > 종합과세 세액 ➡ 종합과세를 선택
- 분리과세 세액 < 종합과세 세액 ➡ 분리과세를 선택

③ 종합과세

비과세와 분리과세 소득을 제외한 나머지 종합소득은 모두 합산해서 6~45%로 종합과세한다.

▶ 사업소득(자유직업 소득 포함), 근로소득, 공적연금소득 등

2. 적용 사례

사례를 통해 위의 내용을 확인해보자.

01 종합소득에 대해서는 무조건 종합과세하는가?

아니다. 종합소득 중 일부는 분리과세가 되기 때문이다. 분리과세는 종합과세의 실익이 없는 경우로 세법에 열거되어 있다(2,000만 원 이하의 금융소득 등).

Q2 분리과세는 무조건 분리과세와 선택적 분리과세로 구분된다. 왜 이렇게 구분해서 과세하는가?

- 무조건 분리과세 : 주로 불이익을 주기 위해서다. 예를 들어, 2,000만 원 이하의 금융소득은 14% 원천징수로 분리과세를 적용한다.
- 선택적 분리과세 : 납세자에게 절세 권리를 보장해주기 위해서다. 예를 들어, 주택임대소득이 2,000만 원 이하면 분리과세로 낸 세금이 50만 원이고 종합과세로 낸 세금이 20만 원이라면 후자를 선택할 수 있다.

≫ 이러한 관점에서 독자들은 소득세 종합과세 계산구조를 반드시 알아둬야 한다.

Q3 국민연금만 연간 1,500만 원 받고 있다고 하자. 이 경우, 종합소득세 신고 의무는 있는가?

국민연금도 종합소득의 하나이므로 종합소득세 신고 의무가 있다. 다만, 국민연금은 다음 해 1월에 공단에서 연말정산을 하므로 별도로 신고할 필요가 없다. 이는 마치 근로자들이 연말정산으로 종합소득세 의무가 갈음되는 것과 같은 원리다.

Q4 국민연금과 퇴직연금, 개인연금(3~5% 원천징수되는 연금) 등 3가지 소득이 동시에 발생한 경우에는 과세 방법이 어떻게 되는가?

국민연금은 무조건 종합과세, 퇴직연금은 무조건 분리과세, 개인연금은 선택적 분리과세가 적용된다. 따라서 다음과 같이 과세 방법이 결정된다.

- 선택적 분리과세를 선택하지 않은 경우 → 종합소득세 신고를 할 필요가 없다. 국민연금은 연말정산으로, 나머지는 분리과세가 적용되기 때문이다.
- 선택적 분리과세를 선택하는 경우 → 국민연금과 개인연금을 합해 종합소득세 신고를 선택적으로 한다.*

* 물론 개인연금에 대해 분리과세하는 것이 유리하면 종합과세를 선택하면 안 된다.

Tip 분리과세와 종합과세 종합소득세 신고 여부

구분	종합소득세 신고 여부	비고
무조건 분리과세	×	신고할 필요가 없음.
선택적 분리과세	○(선택)	유불리 비교 후 신고 여부 결정
무조건 종합과세	○(의무)	다른 소득과 합산해 신고해야 함(단, 근로소득 또는 공적연금소득만 있는 경우는 연말정산으로 신고 의무 종결).

50대가 꼭 알아둬야 하는 종합과세의 구조

앞에서 언급된 6가지 소득에 대해서는 원칙적으로 6~45%로 종합과세하는 것이 원칙이다. 6가지 소득은 소득의 명칭만 다를 뿐, 이를 합해 누진세율로 과세하는 것이 타당하다고 인정되기 때문이다. 여기서 누진세율은 소득이 높아질수록 세율도 증가하는 세율체계를 말한다. 참고로, 종합과세는 종합소득에서 비과세와 분리과세 소득을 제외한 소득에 적용한다. 다음에서 종합소득세 계산구조를 알아보자.

1. 종합소득세 계산구조

종합소득세 계산구조를 살펴보면 다음과 같다.

구분		금액	비고
종합소득세	종합소득금액		비과세, 분리과세 소득 제외
	- 종합소득공제		인적공제, 물적 공제*
	= 과세표준	×××	
	× 세율		6~45%

구분		금액	비고
종합소득세	− 누진 공제		
	= 산출세액	×××	
	− 세액공제 등		연금계좌 세액공제** 등
	= 결정세액	×××	
	− 기납부 세액		원천징수 세액(3%, 20% 등)*** 중간예납세액
	+ 가산세		
	= 납부할 세액	×××	
지방소득세		×××	
총 계		×××	

* 종합소득금액에서 차감되는 국민연금보험료 공제(전액 공제), 노란우산공제(200~600만 원 공제) 등을 말한다.

** 연금저축과 개인형 퇴직연금계좌(IRP)에 납입한 금액에 적용되는 세액공제(600~900만 원에 대해 12~15% 적용)를 말한다.

*** 소득을 지급받을 때 원천징수된 세액을 말한다.

위의 종합소득세 계산구조에서 꼭 알아야 할 것을 정리해보자.

첫째, 종합소득금액

종합소득세는 수입이 아닌 소득금액(순소득)에 대해 과세하는 것이 맞다. 수입을 달성하기 위해 들어간 비용(세법은 필요경비라고 함)을 차감하지 않으면 불공평이 발생하기 때문이다. 이에 세법은 소득별로 다음과 같이 정하고 있다.

- 이자소득금액 → 이자 수입-필요경비 0원(필요경비 없음)
- 배당소득금액 → 배당수입-필요경비 0원(필요경비 없음)+배당가산액(법인세 이중과세 조정용)

- 근로소득금액 → 근로소득-근로소득공제(법정)
- 사업소득금액 → 사업수입-필요경비(장부나 경비율 적용)
- 공적연금소득금액 → 공적연금수입-연금소득공제(한도 900만 원)
- 기타소득금액 → 기타수입-필요경비(강의료는 수입의 60%)

▶▶ 종합소득세를 줄이기 위해서는 소득별로 소득금액을 잘 파악해야 한다. 여기서 소득금액은 소득(또는 수입금액, 매출)개념이 아닌 순소득의 개념임을 알아두기 바란다.

둘째, 소득공제와 세액공제

앞의 표에서 소득공제는 소득금액에서 차감되어 과세표준을 줄이는 역할을 한다. 한편 세액공제는 산출세액에서 차감된다. 이 두 개념을 이해하는 것은 종합소득세에서 매우 중요하다.

▶ 소득공제 : 과세표준을 줄여주는 것으로, 소득공제액에 6~45%를 곱한 만큼 절세 효과가 발생한다(기본공제, 국민연금보험료 공제, 노란우산 공제 등).
▶ 세액공제 : 산출세액 일부를 줄여주는 것으로, 공제금액에 세액공제율(12% 등)을 곱한 만큼 절세 효과가 발생한다.

▶▶ 일반적으로 소득이 높은 층은 소득공제가 더 효과적이다. 같은 소득공제액이라도 6%보다는 45%가 훨씬 더 효과가 크기 때문이다. 한편 세액공제는 누구나 똑같은 세액공제율(12%)이 적용되기 때문에 소득의 크기와 관계가 없다.

셋째, 세율

현행 종합소득세율은 8단계 누진세율인 6~45%로 되어 있다. 이를 다시 한번 살펴보면 다음과 같다.

과세표준	세율	누진 공제
1,400만 원 이하	6%	-
1,400만 원~5,000만 원 이하	15%	126만 원
5,000만 원~8,800만 원 이하	24%	576만 원
8,800만 원~1억 5,000만 원 이하	35%	1,544만 원
1억 5,000만 원~3억 원 이하	38%	1,994만 원
3억 원~5억 원 이하	40%	2,594만 원
5억 원~10억 원 이하	42%	3,594만 원
10억 원 초과	45%	6,594만 원

예를 들어, 과세표준(종합소득금액-소득공제)이 1억 원이라면 세율은 35%이고 누진 공제는 1,544만 원이므로 소득세가 다음과 같이 도출된다.

- 종합소득세 : 1억 원×35%-1,544만 원=1,956만 원

그런데 종합소득세(국세)에 10%의 지방소득세가 부과되므로 총세금은 다음과 같다.

- 총세금 : 1,956만 원×110%=21,516,000원

2. 적용 사례

사례를 통해 앞의 내용을 확인해보자.

〈자료〉
- 이자와 배당소득 : 연 1,500만 원
- 근로소득 : 연 8,000만 원(근로소득공제 2,000만 원)
- 사업매출 : 2억 원(필요경비 1억 원)
- 국민연금 : 2,000만 원(연금소득공제 500만 원)
- 퇴직연금 : 2,000만 원

01 이자와 배당소득은 분리과세되는가?

그렇다. 연간 2,000만 원 이하의 금융소득은 무조건 분리과세가 적용된다.

02 근로소득금액과 사업수입금액은 얼마인가?

소득금액은 수입에서 필요경비를 차감하는 금액을 말한다.

- 근로소득금액 : 6,000만 원(8,000만 원-2,000만 원)
- 사업소득금액 : 1억 원(2억 원-1억 원)

03 공적연금소득금액은 얼마인가?

국민연금은 국가에서 운영하는 제도로 이는 공적연금에 해당한다.

- 공적연금소득금액 : 1,500만 원

04 퇴직연금은 종합과세가 되는가?

아니다. 퇴직연금의 원천은 분류과세되는 퇴직소득이 원천이므로 종합과세에서 제외한다.

>> 여기서 주의할 것은 퇴직연금은 연금식으로 받기 때문에 소득세법상 연금소득으로 구분되고, 이때 원천징수된 세금은 연금소득세로 납부된다는 것이다. 하지만 퇴직연금의 속성은 분류과세되는 퇴직금이므로 원천이 연금저축인 연금소득과 차이가 있다. 다음 표를 참조하자.

구분	연금저축 연금	퇴직금 연금
세법상 소득 구분	연금소득	연금소득
수령 시 원천징수	3~5%	퇴직소득세의 70% (10년 초과해 연금 수령 시 60%)*
세금 정산 방식	선택적 분리과세	무조건 분리과세

* 2026년부터 20년을 초과해 받으면 50%를 감면할 예정이다.

Q5 종합소득금액은 얼마인가?

- 근로소득금액 : 6,000만 원(8,000만 원-2,000만 원)
- 사업소득금액 : 1억 원(2억 원-1억 원)
- 공적연금소득금액 : 1,500만 원

계 : 1억 7,500만 원

Q6 종합소득과세표준은 얼마인가? 소득공제액은 1,500만 원이다.

위 종합소득금액에서 소득공제액을 차감하면 과세표준은 다음과 같다.

- 과세표준=1억 7,500만 원-1,500만 원 = 1억 6,000만 원

07 산출세액은 얼마인가?

산출세액은 과세표준에 세율을 곱해 계산한다.

- 산출세액=1억 6,000만 원×38%-1,994만 원=4,086만 원(지방소득세 포함 시 44,946,000원)

Tip 소득공제와 세액공제의 모든 것

1. 소득공제

종합소득공제			적용대상자
구분		내용	
인적소득공제	기본공제	본인 및 부양가족(자녀 20세 이하) 1인당 150만 원	사업자/근로자
	추가공제	• 경로우대공제 70세 이상 : 100만 원 • 장애인 공제 : 200만 원 • 맞벌이 부녀자 공제 : 50만 원	
연금보험료 공제		국민연금 등 공적연금 납입액 전액	
특별소득공제	건강·고용보험료	전액 소득공제(사업자는 필요경비)	근로자
	주택자금공제	• 주택마련저축이나 임차 차입금 상환, 장기 주택 저당 차입금 이자 • 최대 2,000만 원 한도 내에서 차등 적용 → 월세는 세액공제로 적용함.	
조특법상소득공제	신용카드소득공제	• 신용카드 사용금액이 연봉의 25%를 초과해야 함. • 한도 : 300만 원과 총급여액의 20% 중 적은 금액 (대중교통비 등은 추가공제)	근로자
	노란우산공제	• 중소기업협동조합법상의 소기업·소상공인 등을 대상 • 연간 납입액의 200~600만 원을 한도로 100% 공제	사업자
	벤처투자소득공제	• 벤처기업 등에 투자 시 • 투자 금액의 10~100% 소득공제(종합소득금액의 50% 한도)	근로자/사업자

2. 세액공제

세액공제			적용 대상자
자녀 세액공제		자녀 1명 25만 원, 2명 55만 원 등	사업자/ 근로자
특별세액 공제*	보험료 세액공제	• 아래 한도 내 보험료의 12%를 세액공제 　- 생명·손해 보험료 : 100만 원 　- 장애인 전용 보장성 보험료 : 100만 원	근로자
	교육비 세액공제	• 아래 한도 내 보험료의 15%를 세액공제 　- 본인 : 대학원 학비까지 전액 　- 유치원·초중고 : 300만 원 　- 대학생 : 900만 원	근로자/ 성실 신고사업자
	의료비 세액공제	• 아래 한도 내 보험료의 15%를 세액공제(단, 총급여액의 3% 초과해서 지출) 　- 700만 원(본인은 한도 없음)	
	기부금 세액공제	한도 내의 기부금에 대해 15~30% 등 세액공제	근로자(사업자 는 장부에 반영)
연금계좌 세액공제		600~900만 원 한도 내에서 지출액의 12~15%를 세액공제	근로자/ 사업자
월세 세액공제		월세 지출액의 15~17% 세액공제 (1,000만 원 한도)	근로자/성실 신고사업자
기장 세액공제		간편장부 대상자가 복식 장부를 작성한 경우 100만 원 한도 내에서 세액공제	사업자
조특법상 세액공제		• 통합 투자 세액공제 : 12% 이상 • 통합 고용 세액공제 : 최고 1,550만 원 • 연구개발비 세액공제 등	사업자

* 성실신고확인서를 제출해서 종합소득세 신고를 하는 성실신고사업자는 의료비와 교육비 세액공제 적용이 가능하다.

선택적 분리과세

선택적 분리과세는 원천징수로 분리과세하는 것이 원칙이지만, 납세자가 원하면 종합과세를 선택할 수 있도록 하는 제도를 말한다. 후자가 세금이 더 적게 나오는 경우가 종종 있기 때문이다. 다음에서 이에 대해 알아보자.

1. 선택적 분리과세 대상

선택적 분리과세 대상은 다음과 같은 몇 가지에 불과하다.

- 2,000만 원 이하의 주택임대소득
- 1,500만 원 이하의 개인연금소득(세액공제 적용, 3~5%로 분리과세)
- 1,500만 원 초과한 개인연금소득(세액공제 적용, 15%로 분리과세)
- 소득금액 300만 원 이하의 기타소득 등

≫ 위의 소득은 6~45%로 합산과세 하지 않아도 되지만, 다음과 같은 경우 종합

과세를 선택하면 유리할 수 있다.

- 납세자의 종합소득세율이 분리과세 세율(14% 등)보다 낮은 구간일 경우
- 소득공제와 세액공제 항목이 많은 경우
- 사업자의 이월결손금 등이 있는 경우 등

2. 적용 사례

사례를 통해 위의 내용을 확인해보자. 참고로 다음의 각 물음은 독립적이다.

〈자료〉
- 이자소득 : 1,000만 원
- 일용직 소득 : 500만 원
- 자유 직업소득 : 1,000만 원
- 국민연금 수령액 : 2,000만 원
- 개인연금 수령액(연금저축) : 2,000만 원
- 주택임대소득 : 2,000만 원

Q1 이자소득에 대한 세금은 어떤 식으로 정산되는가?

금융소득 2,000만 원 초과는 종합과세, 그 이하는 무조건 분리과세가 적용된다.

Q2 일용직 소득은 종합과세를 적용받을 수 있는가?

아니다. 일용직 소득은 대부분 세금을 내지 않기 때문에 종합과세의

실익이 없고 세무 행정만 번거로우므로 무조건 분리과세를 적용한다.

- 일용직 소득 : (수령액-15만 원)×6%-세액공제(산출세액의 55%)

03 자유 직업소득은 3.3%로 원천징수되었다. 이 소득도 분리과세가 적용되는가?

자유 직업소득은 사업소득에 해당하며, 무조건 종합과세가 적용된다.

>> 3.3% 사업자들도 종합소득세 신고 의무가 있지만, 이를 하지 않는 일도 있다. 이때 다음과 같은 후속 조치가 뒤따른다.

- 3.3% 세액＜신고할 경우의 세금 ⇒ 차액에 대해서 징수
- 3.3% 세액＞신고할 경우의 세금 ⇒ 차액에 대해서 환급 조치(단, 본인이 국세청 홈택스 환급시스템에서 신청해야 함).

04 국민연금은 무조건 종합과세가 되는가?

국민연금은 종합과세가 원칙이다. 다만, 국민연금에 대해서는 공단에서 일차적으로 연말정산을 하므로 다른 소득이 없다면 종합소득세 신고를 별도로 할 필요가 없다.

- 국민연금만 있는 경우 → 연금소득자의 연말정산으로 끝남.*
  * 만일 연말정산 시 공제서류 미제출 등이 있는 경우 종합소득세 신고 기간에 신고해 환급을 받을 수 있다.
- 국민연금 외 다른 종합소득이 있는 경우 → 종합소득세 신고

05 개인연금 수령액에 대해서는 어떤 식으로 신고하는 것이 유리한가?

개인연금에 대해서는 일반적으로 3~5%로 원천징수한다. 이에 대한 세금 정산 방법은 원천징수 세액을 내는 것으로 분리과세하거나 아니면 종합과세를 적용받을 수 있다. 그런데 개인연금 수령액이 연간 1,500만 원을 넘었을 때가 문제가 된다. 이 금액이 넘어서면 다른 소득과 합산해 종합과세를 적용하나, 만약 분리과세를 선택하고 싶다면 15%를 적용하기 때문이다.

- 연간 개인연금 수령액이 1,500만 원 이하인 경우 → 3~5% 분리과세와 종합과세 중 선택
- 연간 개인연금 수령액이 1,500만 원을 초과한 경우 → 15% 분리과세와 종합과세 중 선택

>> 개인연금 수령액이 1,500만 원을 초과한 경우 종합과세를 하면 높은 세율(24~45% 등)이 적용될 수 있으므로 이러한 상황에서 고소득자들은 15% 분리과세를 선택할 수 있다(고배당 기업의 배당소득에 대한 선택적 분리과세는 108페이지를 참조).

06 주택임대소득이 2,000만 원 이하이면 분리과세와 종합과세 중 하나를 선택할 수 있다. 이 경우, 어떤 것이 유리한가? 다음 자료를 토대로 이에 대한 의사결정을 해보자.

〈자료〉
- 주택임대소득 분리과세 및 종합과세 경비율 : 50%
- 주택임대소득 분리과세 및 종합과세 공제액 : 400만 원
- 주택임대소득 분리과세 세율 14%, 종합과세 세율 6~45%
- 이 소득 외 다른 소득은 없음.

이 경우에는 분리과세와 종합과세로 적용한 후 세금을 비교해야 한다. 앞의 자료를 바탕으로 세액을 비교하면 다음과 같다.

구분	분리과세	종합과세
주택임대수입	2,000만 원	2,000만 원
−필요경비	1,000만 원	1,000만 원
−공제액	400만 원	400만 원
=과세표준	600만 원	600만 원
×세율	14%	6%
=산출세액	84만 원	36만 원

≫ 종합과세로 신고하면 낮은 세율 외에도 소득공제나 세액공제 적용이 가능해서 분리과세 시보다 세금이 적게 나올 수 있다.

07 Q6에서 사례자에게 근로소득이 있다고 하자. 이 경우, 종합과세가 유리한가? 근로소득 연말정산 때 15%로 정산되고 있다.

분리과세는 14%이고, 종합과세는 15% 이상 세율이 적용되므로 이 경우에는 분리과세가 유리해 보인다.

종합소득세 신고 방법

모든 종합소득자는 다음 해 5월(성실은 6월)에 종합소득세 신고를 해야 한다. 따라서 근로소득자나 연금소득자도 마찬가지로 원칙적으로 5월에 신고해야 한다. 하지만 이들 사업자에게 다른 소득이 없다면 지급처에서 행하는 연말정산으로 종합소득세 신고 의무가 갈음된다. 다음에서 이에 대해 정리해보자.

1. 종합소득세 신고

① 원칙

종합소득이 발생한 경우에는 다음과 같이 소득세 신고 의무가 있다.

구분	소득세	지방소득세
신고 관할 관청	주소지 관할 세무서	주소지 관할 지방자치단체
신고 방법	• 홈택스 • 기타 전산조직	• 위택스 • 기타 전산조직
신고 기한	다음 해 5월 31일 (성실은 6월 30일*)	동일

구분	소득세	지방소득세
납부 기한	상동(단, 2개월 분납 가능)	상동

* 업종별로 매출액이 일정액(서비스업은 5억 원) 이상일 때 적용되는 제도다.

② 예외(연말정산으로 갈음)

다음의 3가지 소득에 대해서는 연말정산으로 종합소득세 신고를 갈음할 수 있다. 물론 다른 소득이 있다면 5월에 합산신고를 해야 한다.

※ **연말정산의 종류**

구분	대상	종류	비고
1. 근로소득자의 연말정산	직장인, 근로자	근로소득 연말정산	일반적으로 '연말정산'이라 하면 이것을 의미함.
2. 연금소득자의 연말정산	국민연금, 공무원 연금 등 수령자	공적연금 연말정산	공적연금 수급자에게도 원천징수 후 연말정산이 있음.
3. 사업소득자의 정산	보험설계사, 방문판매원, 음료판매원	사업소득 연말정산	7,500만 원에 미달한 경우를 말함.

원래 근로소득은 종합소득세 신고 의무가 있다. 그런데 다른 소득이 없다면 근로소득 연말정산과 종합소득세 신고 내용이 같으므로 이때에는 종합소득세 신고가 필요 없다. 다만, 연말정산 때 누락한 것이 있다면 종합소득세 신고를 통해 이를 정산받을 수 있다.

예) 근로소득과 종합소득세 신고 필요 여부

사례	5월에 종합소득세 신고 필요 여부
회사에 다니는 직장인, 근로소득만 있음.	X, 연말정산으로 끝
직장인+부동산 임대소득 있음.	O, 추가로 종합소득세 신고
직장인+프리랜서 수입 있음.	O, 추가로 종합소득세 신고

한편 공적연금소득도 근로소득과 유사한 구조로 과세 방법이 정해진다.

사례	5월에 종합소득세 신고 필요 여부
공적연금소득만 있음.	×, 연금소득 연말정산으로 끝
공적연금소득+부동산 임대소득 있음.	○, 추가로 종합소득세 신고
공적연금소득+프리랜서 수입 있음.	○, 추가로 종합소득세 신고
공적연금소득+사적연금소득 있음.	△, 연말정산으로 끝(사적연금소득 중 종합과세 선택 가능한 경우에는 자발적 종합소득세 신고)

2. 적용 사례

사례를 통해 위의 내용을 알아보자.

〈자료〉
- 근로소득 : 5,000만 원
- 국민연금 : 2,000만 원
- 퇴직연금 : 2,000만 원

01 근로소득과 국민연금에 대한 원칙적인 신고 방법은 무엇인가?

근로소득은 종합소득의 하나이므로 종합소득세로 신고해야 한다. 다만, 근로소득은 회사에서 연말정산을 하므로 다른 소득이 없다면 연말정산으로 납세 의무가 종결된다. 국민연금도 마찬가지다.

≫ 사례의 경우 근로소득과 국민연금소득을 합해 다음 해 5월 중에 종합소득세 신고를 해야 한다.

02 Q1에서 종합소득세 신고를 하지 않으면 어떤 조치가 뒤따르는가?

추가로 징수할 세금이 많은 경우에는 본세와 가산세 추징이 뒤따를 수 있다.

≫ 사례에서 건보료는 근로소득에 대해서만 직장에서 부과된다.

03 퇴직연금에 대한 신고 방법은 무엇인가?

퇴직연금의 원천은 퇴직금이므로 종합소득세가 아닌 지급처에서 원천징수한 금액을 납부한 것으로 납세 의무가 종결된다(분리과세).

Tip 사업소득 연말정산

보험설계사, 후원방문판매원, 음료 판매원 등 세 유형의 프리랜서 중 연간 소득이 간편장부 대상자(7,500만 원 미만)에 해당하면 그들이 속한 회사에서 연말정산으로 납세 의무가 종결된다. 하지만 그 외 사업자는 일반사업자들처럼 소득세를 신고해야 한다.

※ 사업소득 연말정산 구조

- 소득금액 : 수입 − 수입 × 단순경비율
  − 종합소득공제
  = 과세표준
  × 세율(6~45%)
  = 산출세액
  − 기납부 세액(3% 원천징수 세액)
  = 결정세액

분류과세 소득과 세금, 그리고 건보료

분류과세 소득은 종합소득과는 성격이 다른 소득, 즉 퇴직소득이나 양도소득을 말한다. 이러한 소득은 별도의 계산구조로 세금이 도출되는데, 실무에서는 이러한 과세 방법을 분류과세라고 한다. 다음에서는 이러한 소득과 관련된 세무상 쟁점 등을 알아보자.

1. 분류과세 소득을 지급받을 때 알아둬야 할 것들

첫째, 분류과세 소득의 종류와 과세 방법을 알아둔다.

분류과세 소득에는 대표적으로 퇴직소득, 양도소득이 있다. 퇴직소득은 근로자가 퇴직하면서 받는 급여이고, 양도소득은 부동산·주식·기타 자산을 양도하면서 생긴 소득이다. 이들은 종합과세 소득과 달리, 별도의 계산구조로 세금을 계산한다.

둘째, 분류과세 소득에 대한 세금 계산법을 알아둔다.

분류과세는 일반적인 과세체계와는 다른 계산구조를 갖는다. 예를 들어, 퇴직소득은 총급여에서 근속연수공제 등을 반영해 소득을 연평균으로 나누어 누진 완화 혜택이 적용되도록 계산하며, 양도소득은 양도가액에서 취득가액, 필요경비, 장기보유특별공제 등을 반영해서 양도차익을 계산한 후 세율을 적용한다.

> 분류과세 소득은 종합소득처럼 '총수입금액 − 필요경비 − 소득공제 = 과세표준' 방식이 아니므로, 소득별 계산 방식을 반드시 숙지해야 한다.

셋째, 분류과세 소득에 대한 절세 방법을 찾도록 한다.
분류과세 소득은 구조적으로 절세 여지가 크지 않지만, 제도적 절세 수단은 존재한다. 예를 들어 퇴직소득의 경우 퇴직금 연금 수령을 통해 세 부담을 낮출 수 있고, 양도소득은 장기보유특별공제, 1세대 1주택 비과세 요건 충족, 양도 시기 조절, 증여 후 양도전략 등을 통해 세 부담을 줄일 수 있다.

2. 적용 사례

사례를 통해 위의 내용을 확인해보자.

01 분류과세 소득에 대해 별도로 과세하는 이유는 무엇인가?

퇴직소득은 한 번에 발생하는 소득이고, 양도소득도 자산을 양도할 때만 발생하는 일시적인 소득이다. 따라서 이를 종합과세에 포함하면 소득이 일시적으로 급증해 과세 형평성에 어긋날 수 있다. 따라서 분류과세는 납세자의 세 부담을 줄이기 위한 세법의 배려에 해당한다.

02 분류과세 소득에 대해서는 건보료가 부과되지 않는 이유는 무엇인가?

분류과세 소득은 종합소득으로 귀속되지 않기 때문에, 건보료 산정 기준이 되는 연간 종합소득금액에 포함되지 않는다.

03 퇴직금을 일시금으로 받지 않고 퇴직연금으로 받으면 분리과세를 하는 이유는 무엇인가?

퇴직연금은 세법상 종합소득의 하나인 연금소득으로 구분된다. 따라서 원칙적으로 종합과세를 해야 하나, 실질은 퇴직소득이므로 다른 종합소득과 합산해 과세되지 않도록 무조건 분리과세를 적용한다.

>> 퇴직연금을 포함한 사적연금에 대한 과세체계와 건보료의 관계는 다음을 참조하기 바란다.

※ 퇴직연금 등 사적연금의 과세체계와 지역 건보료 소득 포함 여부

구분		과세체계			지역 건보료 소득 포함 여부
		납입 시	수령 시	세금 정산	
퇴직연금	퇴직연금	-	퇴직소득세 (60~70%) 분할 납부	무조건 분리과세	미포함
	퇴직금 운용 수익	-	3~5% 징수	선택적 분리과세 (1,500만 원 초과 시 15% 분리과세와 종합과세 중 선택)	미포함
IRP 본인 납입분		12~15% 세액공제			
연금저축					

절세 탐구 | 원천징수 대상 소득과 세율

원천징수는 세수의 조기 확보, 그리고 소득 탈루를 방지하기 위해 세금의 일부를 원천공제해 국가에 납부하는 제도를 말한다. 그런데 모든 소득에 대해 이 제도가 적용되는 것은 아니다. 다음에서 받는 자가 개인인 경우의 원천징수 대상 소득과 세율을 알아보자.

1. 원천징수 대상 소득과 세율

현행 소득세법에서는 7가지 소득에 대해 원천징수 대상 소득과 세율을 정하고 있다. 지방소득세율 10%를 포함해 이를 정리하면 다음과 같다.

구분	대상 소득	원천징수 세율	비고
이자소득	예·적금이자, 채권이자, 사채이자	15.4%	금융기관에서 자동 원천징수
배당소득	주식 배당, 출자금 배당, 펀드 수익	15.4%	
사업소득	프리랜서, 강사료, 자문료, 연예인 수입	3.3%	지급자가 사업자일 때 원천징수
근로소득	급여, 상여 등	간이세액표에 따른 누진세율 적용	매월 원천징수
	일용직	15만 원 초과분의 6.6%	
연금소득	국민연금, 퇴직연금, 연금저축 등	• 공적연금 : 조견표 • 사적연금 : 　- 일반 : 3.3~5.5% 　- 중도해지 : 16.5% 등 • 퇴직연금 : 퇴직소득세의 60~70%	매월 원천징수

구분	대상 소득	원천징수 세율	비고
기타소득	일시 강연료, 사례금, 광고료, 복권 등	22% 또는 총지급액의 8.8%	필요경비 60% 적용
퇴직소득	퇴직금, 퇴직위로금 등	퇴직소득세 계산 후 전액 원천징수	분류과세

2. 적용 사례 1

사례를 통해 위의 내용을 확인해보자.

01 K씨가 은행으로부터 세전 100만 원의 이자를 받으면 원천징수는 얼마가 되는가?

구분	세율	금액
이자소득세	14%	140,000원
지방소득세	1.4%(이자소득세의 10%)	14,000원
합계 원천징수 세액	15.4%	154,000원

▶ 실수령액=100만 원-15.4만 원=845,000원

02 L씨는 자유 직업소득자다. 그가 용역비 100만 원을 받을 때 얼마의 세금이 원천징수되는가?

프리랜서 등 사업소득자에게 지급 시 원천징수 세율은 다음과 같다.

구분	세율	금액
소득세	3%	30,000원
지방소득세	0.3%	3,000원
합계 원천징수 세액	3.3%	33,000원

▶ 실수령액=1,000,000원-33,000원=967,000원

≫ 지급자는 원천징수 후 다음 달 10일까지 납부 의무가 있고, 수입자는 연말정산이 아닌 종합소득세 신고(5월)를 통해 정산하게 된다. 참고로 사업소득이 얼마 안 될 때는 국세청 홈택스 환급시스템을 통해 환급을 받을 수 있다.

03 P 씨는 다음의 연금소득을 수령 중에 있다. 어떤 식으로 원천징수가 되는가?

- 국민연금 : 매월 100만 원 수령
- 퇴직연금 : 매월 100만 원 수령
- 연금소득(연금저축) : 매월 100만 원 수령

위의 연금에 대한 원천징수 등은 다음과 같이 진행된다.

구분	과세 방법	원천징수
국민연금	종합과세(조견표 기준)	소액 원천징수 or 없음.
퇴직연금	퇴직소득세의 60~70%	분할 원천징수
연금저축	연금소득세 3~5%	연령별 세율 적용

≫ 세액공제를 받은 후 개인연금을 중도에 일시금으로 받으면 원리금에 대해 15%(16.5%) 원천징수로 무조건 분리과세됨에 유의해야 한다.

3. 적용 사례 2

사례를 통해 위의 내용을 확인해보자.

Q1 K씨는 근로소득자다. 그런데 그에게 강의소득이 500만 원이 별도로 있다. 이 경우, 세금 정산 방법은 무엇인가?

- 기타소득으로 처리되고 기타소득금액(500만 원의 40%=300만 원)에 대해 22%로 원천징수된다.
- 연간 기타소득금액이 300만 원 이하는 분리과세가 원칙이나, 다음 해 5월 중 종합소득세로 신고할 수 있다.

Q2 K씨는 Q1의 강의료에 대해 44만 원을 원천세로 냈다. 이 세금을 돌려받기 위해서는 어떻게 하면 될까?

다음 해 5월에 종합소득세 신고를 통해 돌려받을 수 있다. 단, 이때에는 기타소득을 분리과세 또는 종합과세할 때의 세금을 비교해 후자가 세금이 더 적어야 한다.

Q3 P 씨는 이자 1,000만 원을 받을 때 154만 원을 원천세로 냈다. 이 세금을 돌려받고 싶은데 어떻게 하면 될까?

원칙적으로 이자소득은 무조건 분리과세(15.4%)가 기본이므로 이에 대한 세금은 환급받을 수 없다.

Tip 원천징수 대상 소득과 세금 및 건보료의 관계

원천징수 대상 소득에 대한 세금 정산 방식과 지역 건보료 산정 시 소득 포함 여부를 동시에 살펴보면 다음과 같다.

구분	원천징수 대상 소득과 세율 (지방소득세 10% 별도)	세금 정산 방식	지역 건보료 소득 포함 여부*
이자소득	• 금융기관 이자 : 14% • 비영업대금이익 : 25%	종합과세(2,000만 원 이하는 무조건 분리과세)	1,000만 원 초과분 포함
배당소득	14%		
근로소득	근로소득 간이세액조견표	종합과세(연말정산 후 타 소득과 합산과세)	50% 포함 (직장가입분 제외)
일용근로소득	일당 15만 원 초과분의 6%	무조건 분리과세	
사업소득	자유 직업소득 : 3%	종합과세	100% 포함 (수입-필요경비)
연금소득	공적연금 : 연금소득 간이세액조견표	종합과세(공단 연말정산 후 타 소득과 합산과세)	50% 포함
	사적연금(연금저축) : 3~5%, 15% 등	선택적 분리과세	미포함
	이연 퇴직소득 : 퇴직소득세의 60~70%	무조건 분리과세(일시 수령 시 퇴직소득세 분류과세)	미포함
기타소득	기타소득금액의 20%	선택적 분리과세	100% 포함 (수입-필요경비)
퇴직소득	6~45%(연분 연승법)	분류과세(퇴직연금은 연금소득 분리과세)	미포함

* 건보료 산정소득이 2,000만 원 초과, 등록사업자의 사업소득이 1원 이상, 미등록사업자의 수입이 500만 원을 초과한 경우에는 피부양자 등록을 할 수 없다. 참고로 피부양자 인정 기준에서는 국민연금과 근로소득의 50%가 아닌 100%가 포함된다. 두 기준(피부양자 인정 기준과 지역 건보료 소득 산정 기준을 말함) 간에 차이가 있음을 알아두기 바란다.

제 3 장

50대 이후의 건강보험료는 어떻게 부과되는가?

50대는 왜 건보료에 민감한가?

"수입은 줄었는데, 왜 보험료는 더 나오는 거지?"

50대는 은퇴를 앞두고 소득이 줄어들거나 끊기기 시작한다. 하지만 건보료는 오히려 증가하는 경우가 많다. 그 이유는 직장가입자에서 지역가입자로 전환되는 순간, 우리가 생각하지 못한 여러 가지 기준이 작동하기 때문이다. 게다가 소득이 거의 없어도 집 같은 자산만으로도 건보료가 부과된다. 그 결과, 50대는 국민연금보다도 건보료에 더 민감해질 수밖에 없다.

1. 50대가 건보료에 민감한 이유

첫째, 피부양자가 되기 힘들기 때문이다.

50대는 퇴직 후 소득이 줄어들지만, 배우자나 자녀의 직장 건강보험에 피부양자*로 들어가려 해도 소득·재산 기준을 넘기 쉬워 피부양자 인정이 어렵다.

* 직접 건보료를 납부하지 않고, 다른 사람(주로 가족)의 건강보험에 함께 포함되어 보험 혜택을 받는 사

람을 말한다.

>> 피부양자가 되기 위해서는 소득과 재산이 동시에 일정 기준에 미달해야 한다.

둘째, 소득이 없더라도 건보료를 내야 하기 때문이다.

직장가입자가 아니면 지역가입자로 분류되는 경우 소득이 없이 재산*만 있더라도 건보료가 부과된다. 그 결과, 일상소득 중 근로소득이나 사업소득이 없더라도 건보료가 수십만 원이 부과될 수 있다.

* 주로 부동산을 말하나, 부동산이 없는 경우 전세보증금과 월세를 대상으로 건보료를 부과한다.

셋째, 지역에서 내는 보험료가 과도하기 때문이다.

지역가입자는 산정 방식이 직장가입자보다 복잡하고 불리하다. 예를 들어, 부동산(전·월세 포함)·금융소득 등도 건보료 대상이 되므로, 실제 생활 수준보다 건보료가 과도하게 나올 수 있다.

>> 직장가입자는 재산에 대한 건보료는 나오지 않지만, 지역가입자는 그렇지 않다.

2. 적용 사례

사례를 통해 위의 내용을 확인해보자.

01 K씨는 55세 퇴직자다. 본인 명의로 상가 하나(보증금 2억 원, 월세 150만 원)를 운영 중이다. 직장가입자의 피부양자로 들어갈 수 있을까?

불가능하다. 피부양자 기준 중 임대사업자의 경우 1원 이상의 소득이 발생하면 피부양자 등록이 불가능하기 때문이다.

>> 이 경우 지역가입자로 전환되어 건보료가 매월 수십만 원이 발생할 가능성이 크다.

02 앞에서 상가 명의가 법인으로 되어 있다면 직장가입자의 피부양자로 들어갈 수 있을까?

법인 명의의 소득은 법인의 것이므로 이 경우에는 K씨 앞으로 소득이 발생하지 않는다. 따라서 다른 소득이나 재산 요건을 충족하면 피부양자 등록이 가능하다.

03 L씨는 전업주부이며 배우자는 직장가입자다. 본인 명의로 은행예금이 있어 이자소득이 연간 2,500만 원이다. 이 경우, 피부양자가 될 수 있을까?

불가능하다. 금융소득이 연간 2,000만 원 초과 시 피부양자 요건에서 탈락하기 때문이다.

>> 이 경우 L씨는 지역가입자로 전환되어 소득 중심의 보험료가 부과된다. 이처럼 지역가입자가 된 경우, 세대원의 소득과 재산을 합해 보험료가 책정된다.

04 P씨는 57세로 소득이 없다. 하지만 본인 명의로 공시가격 10억 원인 아파트가 있다. 이 경우, 건보료는 어떻게 되나?

건보료가 상당히 높게 부과된다. 지역가입자는 소득이 없어도 재산만으로도 월 20만 원 이상 보험료가 나올 수 있다.

>> 이는 은퇴 후 소득 없이도 건보료 부담이 발생하는 대표 사례에 해당한다.

> **Tip 건보료 모의 계산기**
>
> 건보료에 대한 모의 계산은 국민건강보험공단의 홈페이지를 통해 시뮬레이션할 수 있다. 참고로 건강보험료의 하한은 한 달 기준 대략 2만 원 상한은 450만 원 정도가 된다(2025년 기준). 자세한 내용은 공단의 홈페이지에서 확인할 수 있다.

직장가입자의 건보료 부과 방식

50대 이후 은퇴기에 들어서면 건보료가 노후자금을 줄일 가능성이 크다. 그런데 50대는 직장가입자와 지역가입자로 또는 자녀 등의 피부양자로 등록될 수 있다. 따라서 이들 모두에 대해 관련 내용을 알아야 한다. 다음에서는 직장가입자의 건보료 부과 방식부터 순차적으로 살펴보자.

1. 직장가입자의 건보료 부과

직장가입자 중 근로소득자는 매월 급여(보수)를 기반으로 보험료가 부과된다. 이외 보수 외 소득(이자 등)이 연간 2,000만 원 초과해 발생하면 이에 대해서는 별도로 지역에서 보험료가 추가로 부과된다.

① 근로소득에 대한 건보료

매월 받는 근로소득의 경우 매월 급여(비과세 제외)의 7.09%로 부과되며 이 중 1/2은 회사가 부담한다.

② 근로소득(보수) 외 소득에 대한 건보료

근로소득 외 소득(보수 외 소득)이 연간 2,000만 원 넘게 발생하면 지역에서 별도로 보험료가 부과된다. 이때 건보료는 다음과 같이 계산한다.

- 보수 외 소득에 대한 건보료 : (근로소득을 제외한 종합소득 − 2,000만 원)×7.09%

※ **보수 외 소득 산정 기준**

직장가입자의 보수 외 소득은 다음과 같이 산정한다.

구분	금액	비고
1. 이자와 배당소득	이자·배당소득금액의 100% 반영	단, 1,000만 원 초과분만 합계함.
2. 근로소득	총급여액(공제 전)의 50% 반영	건보료가 부과되지 않은 근로소득을 말함(임시직 등).
3. 사업소득	소득금액(수입−비용)의 100% 반영	주택임대소득의 필요경비율 : 장기등록 80%, 단기등록 40%, 미등록 0%
4. 연금소득	공적연금 수령액(공제 전)의 50% 반영*	사적연금소득은 제외 (공단에 미통보 중)
5. 기타소득	소득금액(수입−비용)의 100% 반영	강의료, 인세 등 일시적 소득

* 공적연금은 공제 전 수령액의 50%만 건강보험료 소득에 포함된다. 따라서 다른 소득이 없다면 연간 4,000만 원 정도 받아야 2,000만 원이 된다(피부양자 자격은 공적연금 전액을 기준으로 판단힌다).

2. 적용 사례

사례를 통해 위의 내용을 확인해보자. K씨에게 다음과 같이 소득이 발생했다.

〈자료〉
- 근로소득 : 연간 8,000만 원
- 이자소득 : 연간 1,000만 원
- 기타소득 : 연간 5,000만 원(소득금액 기준 2,000만 원)

01 K씨는 근로소득 외 소득에 대해 지역에서 건보료가 나오는가?

발생하지 않는다. 근로자의 경우 보수 외 소득이 2,000만 원을 넘어야 하는데, 사례의 경우에는 이에 해당하지 않기 때문이다.

- 이자소득은 1,000만 원 이하에 해당하므로 소득에서 제외함.
- 기타소득은 소득금액 기준 2,000만 원 이하에 해당함.

※ 건보료 소득 산정 방법의 예

구분	내용
소득 발생 시기	2024년 1월~12월
소득세 신고 시기	2025년 5월
건보공단 반영 시기	2025년 11월
건보료 부과 적용 기간	2025년 11월~2026년 10월
반영되는 소득	2024년 귀속 종합소득

02 Q1에서 기타소득금액이 3,000만 원이라면 지역 건보료는 얼마나 예상되는가?

- (3,000만 원-2,000만 원)×7.09%=79만 원(월 65,833원)

03 만일 K씨가 은퇴한 경우, 근로소득은 사라진다고 하자. 이 경우, 다른 직장가입자의 피부양자가 될 수 있는가?

소득과 재산이 건강보험법에서 정하고 있는 기준에 미달하면 직장가입자의 피부양자 등록이 가능하다. 대략적인 요건을 살펴보고 구체적인 것은 바로 아래에서 살펴본다.

- 종합소득이 연간 2,000만 원 이하일 것
- 재산세 과세표준이 5억 4,000만 원 이하일 것 등

> **Tip 직장가입자의 건보료 요약**
> - 근로소득에 대해 직장에서 건보료를 낸다.
> - 근로소득 외 소득이 2,000만 원 초과 시 지역에서 건보료가 추가로 부과된다.
> - 직장가입자는 재산에 대해서는 건보료가 부과되지 않는다.

직장가입 탈퇴자가
피부양자 되는 방법

직장생활을 하면 대부분 회사에서 급여에 맞게 보험료가 나오므로 개인이 할 수 있는 것은 없다. 그런데 문제는 퇴직했을 때다. 이때에는 원칙적으로 지역에서 내야 하기 때문이다. 하지만 이때 소득과 재산이 건강보험법에서 정하는 기준에 미달하면 자녀 등의 피부양자로 인정이 된다. 다음에서 이에 대해 알아보자.

1. 피부양자 인정 요건

국민건강보험법 시행규칙 제2조 제1항에서는 피부양자 인정 기준을 다음 각호의 요건을 모두 충족하는 것으로 하고 있다.

> 1. 별표 1에 따른 부양 요건* 에 해당할 것
> 2. 별표 1의 2에 따른 소득 및 재산 요건에 해당할 것

* 직장가입자에게 주로 생계를 의존하는 사람으로서 소득 및 재산이 보건복지부령으로 정하는 기준 이하에 해당하는 사람을 말한다.

1. 직장가입자의 배우자
2. 직장가입자의 직계존속(배우자의 직계존속을 포함한다)
3. 직장가입자의 직계비속(배우자의 직계비속을 포함한다)과 그 배우자
4. 직장가입자의 형제·자매

별표 1의 2에서는 소득 요건과 재산 요건을 동시에 충족하도록 하고 있다. 따라서 피부양자 인정 기준(부양·소득·재산)을 종합적으로 판단했을 때, 어느 하나라도 미충족한다면 피부양자 자격이 상실된다. 여기서 알아둘 것은 부부는 둘 다 이들 요건을 충족해야 직장가입자의 피부양자가 될 수 있다는 것이다.

소득 요건	재산 요건
다음의 요건을 모두 충족	다음 중 하나의 요건 충족
① 종합소득이 2,000만 원 이하일 것 ② 사업소득이 없을 것* ③ 미등록 사업자(주택임대업은 제외)의 사업소득이 500만 원 이하일 것	① 재산세 과세표준**이 5억 4,000만 원 이하일 것 ② 재산세 과세표준이 5억 4,000만 원~9억 원*** 이하는 소득이 1,000만 원 이하일 것 ③ 형제자매의 재산세 과세표준액이 1.8억 원 이하일 것

* 사업자(주택임대사업자 포함)의 소득(수입-비용)이 1원 이상이거나, 미등록사업자(주택임대업은 제외하며 통상 프리랜서를 말함)의 수입이 500만 원 초과 시에는 피부양자 자격이 없다.
** 재산세 과세표준은 공시가격×공정시장가액비율(60~70%)로 산정한다(아래 참조).
*** 재산세 과세표준이 9억 원 초과하면 피부양자 자격이 없다.

>> 피부양자 자격을 따질 때 소득 파악은 지역 건보료 부과 시의 소득 파악과 다소 차이가 난다. 이에 관해서는 다음의 사례를 통해 알아본다.

※ **주택과 토지, 건물 등에 재산세 과세표준**

재산세 과세표준은 '정부에서 고시한 가격×공정시장가액비율(주택 60%, 토지와 건물 70% 등)'로 산정한다.

구분	시가표준액*	공정시장가액비율	재산세 과세표준
주택	10억 원	60%	6억 원
토지	10억 원	70%	7억 원
건물	10억 원	70%	7억 원

* 정부에서 고시한 가격을 말한다(토지 개별공시지가, 주택 공동주택가격 등).

2. 적용 사례

사례를 통해 위의 내용을 확인해보자. K씨가 피부양자로 등록할 수 있는지를 알아보고자 한다. 다음 자료를 보고 물음에 답해보자.

〈자료〉
- 올해 사업자등록을 하고 사업을 시작했음.
- 전전년도 국민연금 월 100만 원, 사적연금 월 100만 원임.
- 현재 주택의 시가는 12억 원이며, 공시가격은 8억 원임.
- 위 주택에 대한 재산세 과세 시 공정시장가액비율은 60%임.

01 K씨는 자녀의 피부양자로 등록할 수 있는가?

피부양자가 되기 위해서는 K씨와 그의 배우자 모두가 소득 요건과 재산 요건을 충족해야 한다.

① 소득 요건

사업소득은 국세청과 공단에 아직 신고된 바가 없고, 전전년도 국민연금 수령액*의 100%가 소득에 산정되므로, 이 경우 연간 1,200만 원이 된다(사적연금은 제외). 따라서 종합소득이 연간 2,000만 원에 미달하므로 피부양자 자격 판단 시 소득 요건은 문제가 없다.

* 공적연금은 전전년도를 기준으로 하며, 이외 소득은 '전전년도의 1~10월+전년도의 11~12월'을 기준으로 한다.

② 재산 요건

이는 재산세 과세표준으로 따지므로 이 경우 4억 8,000만 원(8억 원×60%)이 된다. 따라서 사례의 경우, 재산세 과세표준이 5억 4,000만 원에 미달하고 앞에서 본 소득 요건을 동시에 충족하므로 K씨는 자녀의 피부양자 등록이 가능하다.

>> 참고로 일반인이 이 요건들을 통해 피부양자 자격의 상실 여부를 확인하기는 쉽지 않다. 따라서 건강보험공단의 홈페이지에서 자격 여부를 확인하면 좋을 것으로 보인다.

02 2025년에 사업소득 1,000만 원이 발생해 2026년 5월에 국세청에 종합소득세 신고를 했다. 이 자료는 어느 연도에 피부양자 판단에 사용되는가?

2025년에 발생한 사업소득은 2년 후인 2027년의 피부양자 자격 판단 시에 사용될 것으로 보인다.

>> 따라서 사업소득이 1원 이상이 발생했으므로 2027년 11월부터 피부양자에서 제외될 것으로 보인다.

구분	내용
소득 발생 연도	2025년
종합소득세 신고	2026년 5월
피부양자 자격 심사	2027년 9~10월
자격 박탈 시점	2027년 11월 1일부로 지역가입자로 전환

03 만일 Q2에서 손실이 발생한 경우에는 어떻게 되는가?

이 경우에는 사업소득이 없는 것으로 보기 때문에 당분간 피부양자로 인정을 받을 수 있을 것으로 보인다.

04 위와 무관하게 부부 중 한 사람만 피부양자 등록 요건을 충족했다. 이 경우, 자녀의 피부양자로 등록이 되는가?

아니다. 둘 다 피부양자 요건을 충족해야 한다. 따라서 이 경우에는 지역에서 건보료를 내야 한다. 이때 지역 건보료는 부부의 소득과 재산을 합산해 부과한다.

> **Tip 소득 및 재산 요건에 대한 피부양자 탈락 여부**
>
> ① 소득 요건 검토
> 다음 중 하나라도 초과하면 피부양자 자격이 불인정됨.
>
> | 소득 종류 | 기준 금액(연소득금액 기준) |
> |---|---|
> | 종합소득 합계 | 2,000만 원 이하 |
> | 사업소득(임대 포함) | 소득이 1원이라도 발생하면 피부양자 제외(미등록 자유 직업소득자 : 500만 원 이하 수령) |
>
> ② 재산 요건 검토
> 재산 기준도 충족해야 피부양자 등록이 가능함.
>
> | 구분 | 기준 |
> |---|---|
> | 재산세 과세표준 합계 | 5억 4,000만 원 이하 |
> | 재산세 과세표준 5.4억~9억 원 이하 시 | 연소득이 1,000만 원 이하 |

≫ 피부양자가 되기 위해서는 먼저 소득 요건을 충족하는지 살펴본 후, 그 후 재산 요건을 충족하는지 순차적으로 살펴보아야 한다. 다음 사례로 살펴보자.

〈사례〉

• 소득 요건과 피부양자 탈락 여부

구분		피부양자 탈락 여부	비고
종합소득	2,000만 원 초과	피부양자 탈락	무조건 지역보험료
	2,000만 원 이하	피부양자 가능*	
등록사업자	이익 발생	피부양자 탈락	무조건 지역보험료
	손실 발생	피부양자 가능*	
미등록사업자 (프리랜서)	사업소득 500만 원 초과	피부양자 탈락	무조건 지역보험료
	500만 원 이하	피부양자 가능*	

* 아래의 재산 요건을 충족해야 최종 피부양자 등록이 가능해진다.

• 재산 요건과 피부양자 탈락 여부

구분	소득 요건	피부양자 탈락 여부	비고
재산세 과세표준 5억 4,000만 원 이하	위 소득 요건 충족 시	피부양자 인정	보험료 면제
	위 소득 요건 불충족 시	피부양자 탈락	무조건 지역보험료
5억 4,000만 원 초과 ~ 9억 원 이하	소득 1,000만 원 이하 시	피부양자 인정	보험료 면제
	소득 1,000만 원 초과 시	피부양자 탈락	무조건 지역보험료
9억 원 초과	소득 요건 무관	피부양자 탈락	무조건 지역보험료

지역가입자의 건보료 부과 방식

이상과 같이 직장가입자와 피부양자가 안 된 경우에는 지역가입자로서 건보료를 부담해야 한다. 지역가입자의 건보료는 소득과 재산에 부과되므로 부과체계를 잘 알아두는 것이 좋다.

1. 지역 건보료 부과

지역가입자는 다음과 같이 소득과 재산에 대해 각각 건보료가 부과된다. 참고로 지역 건보료는 세대의 소득과 재산을 합산해 부과된다(만일 자녀가 포함된 경우에는 별도 세대를 구성하면 된다).

구분	부과 기준	보험료율	비고
소득	종합소득(비과세 제외)	7.09%	소득액에 대해 부과
재산	부동산(주택, 토지 등), 전세보증금 등(일정한 부채는 제외 가능)	재산점수×208.4	주택공시가격 기준으로 부과, 자동차는 제외

즉, 지역가입자가 속한 세대의 월별 보험료는 '소득(지역가입자의 소득 월액×보험료율)+재산(재산점수×점수당 금액)'으로 계산한다. 여기서 소득 기준은 앞에서 본 직장가입자의 보수 외 소득과 그 범위가 같다. 한편 재산 기준은 재산세 과세표준액 등을 합산해 이를 점수화해 이에 일정액(208.4, 수시 변동 가능)을 곱해 보험료를 책정한다. 여기서 재산세 과세표준액은 '주택 등의 공시가격×공정시장가액비율(통상 60~70%)'을 곱해 계산한다. 구체적인 계산 사례는 바로 아래에서 살펴보자.

※ **직장가입자와 지역가입자의 건보료 비교**

구분	직장가입자	지역가입자
소속	회사나 고용주가 있는 사람	소속 없이 개인사업/프리랜서 등
보험료 기준	보수(급여) 기준	소득과 재산으로 나눠 평가
부담 방식	사용자와 근로자 50 : 50	본인이 전액 부담
가입 방식	고용 시 자동 가입	본인이 직접 가입(주민등록 기반)

2. 적용 사례

사례를 통해 위의 내용을 확인해보자. K씨의 20×5년 소득과 재산 현황은 다음과 같다.

〈자료〉
① 사업소득 현황
　• 사업소득금액 : 5,000만 원
　• 신고 : 20×6년 5월 31일
② 보유재산 현황
　• 주택 시세 : 12억 원
　• 주택 공시가격 : 8억 3,333만 원
　• 공정시장가액비율 : 60%

01 소득에 대한 건보료는 언제부터 나오는가?

20×5년에 대한 소득세 신고는 20×6년 5월에 이루어지며, 이 소득자료는 20×6년 11월에 공단에 통보되어 그때부터 신고된 소득을 기반으로 보험료가 나온다. 단, 이전까지는 최저 소득에 대한 보험료(2025년 19,800원)*가 나온다.

* 건강보험공단 홈페이지의 모의 계산을 통해 확인해보기 바란다.

>> 지역가입자의 건보료는 매년 11월에 새롭게 책정된다. 기준은 '직전년도 소득'이며, 이는 당해 5월 종합소득세 신고분을 국세청이 건강보험공단에 넘긴 것을 기준으로 한다.

02 재산세 과세표준은 얼마인가?

주택 공시가격 8억 3,333만 원의 60%인 5억 원이 과세표준이 된다.

03 이 경우, 지역에서 건보료는 얼마나 예상이 되는가?

이 경우, 다음과 같이 매월 보험료가 예상된다. 참고로 계산 결과는 국민건강보험공단 홈페이지에서 제공하고 있는 '모의 계산기'를 통해 얻었다.

구분	금액	비고
① 소득월액 보험료(사업·금융·연금·근로·기타소득)×건보료율(7.09%)	295,416원	5,000만 원×7.09%
② 재산(주택·건물·토지·전·월세 등) 점수	757점	
③ 재산보험료(②×208.4)	157,758원	
④ 건보료(①+③)	453,170원	
⑤ 장기요양보험료(④×0.9182%/7.09%)	58,680원	
⑥ 지역보험료(④+⑤)	511,850원	

절세 탐구 | 50대의 건보료 절약법

50대가 건보료를 줄이는 방법들을 알아보자.

1. 건보료를 줄이는 방법

① 36개월 직장가입자 자격 유지

퇴직 후에도 3년(36개월) 동안 직장가입자 자격을 유지할 수 있다. 이후 지역가입자로 전환된다.

>> 직장가입자로 건보료를 내는 것이 유리한지, 지역가입자로 내는 것이 유리한지 의사결정이 되어야 한다.

② 피부양자 자격 활용

일정한 소득 및 재산 요건 충족 시, 가족의 피부양자로 등록할 수 있다. 이렇게 되면 건강보험 혜택은 유지하면서 보험료 납부는 하지 않아도 된다.

③ 재취업

재취업을 통해 직장가입자 자격을 유지할 수 있다. 일반적으로 직장가입자는 지역가입자보다 보험료 산정 방식에서 유리하다.

>> 직장가입자는 재산에 대한 건보료를 내지 않는다.

④ 법인 대표이사로 등록

은퇴 후에도 법인 대표이사로 등록 시 급여 소득자로 분류되어 건보료 부담이 감소한다.

>> 개인사업자는 사업소득이 건보료 산정에 그대로 반영되기 때문에, 소득이 높아질수록 건보료 부담도 커진다. 반면 법인을 설립하면 소득을 급여·배당 등으로 나누어 조절할 수 있어, 건보료를 절감할 여지가 생긴다.

⑤ 재산 증여·분산

지역가입자의 건보료는 재산보유 규모에 따라 증가한다. 따라서 부동산 등 본인 명의 재산이 많을 경우, 자녀 등에게 증여 또는 금융자산으로 전환하면 건보료를 절감할 수 있다.

>> 배우자에게 부동산을 증여하는 경우에는 건보료의 절감 효과가 없다. 지역에서는 부부의 소득과 재산을 합산해 건보료를 책정하기 때문이다.

⑥ 비과세 제도의 활용

부동산이나 금융자산에서 발생한 소득이 비과세될 때는 이에 대해서는 건보료가 부과되지 않는다.

- 부동산 관련 → 1주택자의 주택임대소득 등
- 금융자산 관련 → ISA(개인종합자산관리계좌)*, 저축성보험 차익 등

  * 예금, 펀드, 주가연계증권(ELS), 파생결합증권(DLS) 등 다양한 금융 상품을 한 계좌에서 운용할 수 있는 통합 투자 계좌다. 일정 금액 내에서는 비과세 혜택이 주어진다.

>> 이외에 사적연금소득도 건보료가 부과되지 않는다.
- 연금저축
- IRP 계좌 등

2. 적용 사례

사례를 통해 이러한 내용을 확인해보자.

〈자료〉
- K씨 사업소득금액 : 연간 1억 원 예상
- K씨 건물 재산세 과세표준 : 20억 원

01 K씨가 지역에서 건보료를 낼 때 얼마의 보험료가 예상되는가?

국민건강보험공단의 모의 계산을 이용하면 매월 대략 다음과 같은 보험료가 예상된다.

구분	금액
① 소득월액 보험료(사업·금융·연금·근로·기타소득)×건보료율	590,833원
② 재산(주택·건물·토지·전·월세 등)점수	1,341점
③ 재산보험료(②×208.4)	279,464원*
④ 건보료(①+③)	870,290원
⑤ 장기요양보험료(④×0.9182%/7.09%)(2024년 기준)	112,700원
⑥ 지역보험료(④+⑤)	982,990원

* 직장가입자의 경우에는 재산보험료가 나오지 않는다.

02 만일 K씨가 개인사업을 법인으로 전환해 월 급여를 200만 원으로 책정하면 보험료는 얼마나 예상되는가?

- 200만 원×7.09%=141,800원(연간 1,701,600원)

03 왜 이러한 현상이 발생하는가?

　법인에서 근로소득이 발생하면 직장가입자가 되고, 이 경우에는 근로소득만을 가지고 직장에서 건보료를 내기 때문이다. 자세한 내용은 8장을 참조하기 바란다.

제 4 장

실전 종합소득과 세금, 그리고 건강보험료

50대가 종합소득을 받기 전에 알아야 할 것들

 종합소득은 노후 생활을 지탱할 50대의 핵심 흐름이다. 소득이 꾸준히 발생하지 않으면 삶의 기반 자체가 흔들릴 수 있기 때문이다. 이제부터는 앞에서 살핀 원칙을 바탕으로 50대의 세금과 건보료 처리 방식을 구체적으로 살펴보자.

1. 종합소득을 받기 전에 알아야 할 것들

첫째, 원천징수와 과세 방법을 이해해야 한다.
 종합소득은 이자·배당소득, 근로소득, 사업소득, 연금소득, 기타소득 등 6가지를 말한다. 이러한 소득 중 일부에 대해서는 14% 등의 원천징수가 뒤따르고, 종합소득세 신고 기간에 맞춰 분리과세나 종합과세를 선택해야 한다.

>> 어떤 과세 방법이 적용되느냐에 따라 세 부담이 크게 달라질 수 있다.

둘째, 종합소득과 건보료의 연동 관계를 이해해야 한다.

종합소득이 일정 금액을 초과하면 피부양자 자격을 잃고 지역가입자로 전환될 수 있다. 이때 납부해야 하는 건보료가 수십만 원에서 수백만 원까지 늘어날 수 있으므로, 소득 증가에 따른 보험료 부담도 반드시 고려해야 한다.

셋째, 세금과 건보료를 동시에 통제하는 전략을 익혀야 한다.

소득의 종류와 분배 방법, 과세 시점 등을 전략적으로 설계하면 세금뿐만 아니라 건보료 부담도 효과적으로 줄일 수 있다. 예컨대 공동명의나 증여, 법인설립 등을 통해 소득을 분산하는 등의 방법을 통해 이중 부담을 줄일 수 있다.

2. 적용 사례

사례를 통해 위의 내용을 확인해보자.

〈자료〉
- 이자와 배당소득 : 4,000만 원
- 국민연금소득 : 3,000만 원
- 강의소득 : 1,000만 원

Q1 이 소득에 대한 원천징수와 과세 방법은 무엇인가?

- 이자와 배당소득 : 4,000만 원 → 14%(15.4%)로 원천징수 → 5월 종합과세
- 국민연금소득 : 3,000만 원 → 조견표로 원천징수 → 1월 연말정산 → 5월 종합과세

- 강의소득 : 1,000만 원 → 소득금액 20%(22%)로 원천징수 → 5월 종합과세

02 지역에서 건보료를 내는 경우, 건보료 산정소득은 얼마인가?

이자와 배당소득은 100%, 국민연금소득은 소득의 50%, 강의소득은 소득금액의 100%로 산정한다. 따라서 다음과 같이 계산된다.

- 이자와 배당소득 : 4,000만 원
- 국민연금소득 : 3,000만 원×50%=1,500만 원
- 강의소득 : 1,000만 원-600만 원(필요경비율 60%)=400만 원
- 계 : 5,900만 원*

* 건보료는 이 금액의 7.09%가 적용되므로 400여만 원(연간)이 나온다. 이외 재산에 대한 건보료가 추가된다.

03 만일 이자와 배당소득 중 2,000만 원을 배우자 쪽에서 발생시키면 세금과 건보료는 어떤 식으로 부과되는가?

- 세금 : 개인별로 과세된다. 따라서 종합과세 방식이 분리과세 방식으로 바뀐다(개인당 2,000만 원 이하). 전체 세금의 합이 줄어들 것인지는 불확실하다.
- 건보료 : 지역 건보료는 세대의 소득과 재산을 통합해 부과하므로 이에 따른 영향은 없을 것으로 보인다.

04 Q3와 관계없이 예금 6억 원을 배우자한테 이동을 시켰다. 이 경우, 증여세와 상속세에 어떤 영향을 주는가?

배우자 간 증여금액이 10년간 6억 원 이하이면 증여세가 없다. 한편

증여받은 증여가액은 다음과 같은 식으로 증여자의 상속재산가액에 포함된다.

- 증여한 후 10년 이내에 사망하면 → 6억 원을 상속재산가액에 포함한다.
- 증여 후 10년 후에 사망하면 → 6억 원을 상속재산가액에 포함하지 않는다.

> **Tip 부부공동 명의에 따른 세금과 건보료의 효과**

소득과 재산을 부부공동으로 관리하는 경우의 세금과 건보료의 효과를 정리하면 다음과 같다.

구분		효과
소득세	금융 소득세	부부 기준 4,000만 원 이하까지는 분리과세가 가능하므로 단독명의보다 유리
	사업소득세	사업소득의 분산으로 세금이 줄어들므로 단독명의보다 유리 → 지역에서 건보료 부과 시 부부의 소득을 합산함(이 경우에는 단독명의와 같음).
	주택 임대소득세	부부 기준 4,000만 원 이하까지는 분리과세가 가능하므로 단독명의보다 유리
	연금소득세	소득이 분산되면, 종합과세의 가능성을 줄이므로 단독명의보다 유리
	양도세	소득이 분산되면 낮은 세율 적용으로 세 부담이 줄어들어 단독명의보다 유리
피부양자		각자의 소득 등을 기준으로 피부양자 판단을 하므로 공동명의가 다소 유리
지역 건보료		피부양자 자격이 없는 경우 지역에서 보험료 부과 시 세대원의 소득과 재산을 합산해 부과하므로 단독이나 공동이나 무차별 가능성
보유세, 상속세 등		일반적으로 재산이 분산되면 보유세와 상속세 등의 누진도가 완화되어 세 부담이 줄어들므로 단독명의보다 유리

금융소득과 세금, 그리고 건보료

앞에서 본 종합소득을 소득 종류별로 하나씩 살펴보자. 먼저 이자와 배당소득에 대해 알아보자. 참고로 이러한 소득을 실무에서는 금융소득이라고 한다.

1. 금융소득과 관련해 알아둬야 할 것들

첫째, 이자소득과 배당소득은 무엇을 의미할까?

이자소득은 남한테 돈을 빌려주고 그에 대한 대가를 받은 것을 말하고, 배당소득은 주식 등에 대한 투자를 통해 받은 대가를 말한다.

예) • 이자소득 : 은행 예·적금 이자, 저축성보험 차익 등
   • 배당소득 : 기업배당, 동업자배당 등

>> 개인이 개인에게 지급하는 이자(비영업대금이익이라고 함)도 세법상 이자소득에 해당한다.

둘째, 이를 받을 때 얼마의 세금을 뗄까?

이자소득과 배당소득은 다른 소득에 비해 높은 세율로 원천징수가 된다. 노동의 대가가 아닌 자본의 대가에 해당하기 때문이다.

- 14%(15.4%) → 은행이자와 기업배당 등
- 25%(27.5%) → 사채이자(비영업대금이익), 동업자배당 등

>> 다만, 특정한 이자와 배당소득에 대해서는 비과세가 적용될 수 있고 세금 우대 징수율(9% 등)이 적용되는 때도 있다.

- 대표적인 비과세 상품 → 개인종합자산관리계좌(ISA), 10년 이상 유지한 저축성보험 등
- 대표적인 세금 우대 상품 → 조합출자금에 대한 이자 등

셋째, 이를 받은 후의 세금 정산 방식은?

1년간의 금융소득이 2,000만 원을 초과하면 종합과세를 적용하나, 그 이하가 되면 무조건 분리과세를 적용한다. 이를 표로 표현하면 다음과 같다(고배당 기업에 대한 분리과세 도입안은 108페이지 참조).

2,000만 원 초과분 ⇒	6~45% 적용
2,000만 원 이하분 ⇒	14% 적용

넷째, 금융소득과 관련한 건보료는 어떻게 부과되는가?

금융소득(비과세소득은 제외)은 피부양자와 지역 건보료 부과에 다음과 같이 영향을 준다.

- 피부양자 인정 요건 → 1,000만 원 초과한 금융소득을 포함한 종

합소득이 2,000만 원 초과 시 피부양자 자격 박탈
- 지역 건보료 소득 요건 → 금융소득이 1,000만 원 초과 시 소득에 포함되어 지역에서 건보료가 발생한다.

≫ 금융소득에 대한 종합과세 기준은 '2,000만 원'이나 피부양자와 지역 건보료의 소득 기준은 '1,000만 원'이다. 구체적인 내용은 뒤의 Tip을 참조하기 바란다.

2. 적용 사례

사례를 통해 위의 내용을 확인해보자. K씨의 20×5년의 소득자료는 다음과 같다. 물음에 답해보자.

〈자료〉
- 은행 이자소득 : 800만 원
- 저축성보험 차익 : 1,500만 원(비과세)
- 배당소득 : 1,000만 원(배당소득금액에 해당함)

01 이 금융소득에 대해서는 종합과세가 되는가?

아니다. 은행이자와 배당소득을 합해 2,000만 원이 안 되므로 종합과세는 되지 않는다. 그 대신 금융회사가 소득을 지급할 때 원천징수한 세액(15.4%)을 납부하는 것으로 납세 의무가 종결된다.

≫ 저축성보험 차익은 비과세가 적용되므로 소득세와 건보료 산정 시 소득에서 제외된다.

02 이 금융소득에 대해서는 피부양자 및 지역 건보료에 어떤 영향을 미치는가?

이 소득을 포함해 종합소득이 2,000만 원이 넘어야 피부양자 자격이 박탈된다. 따라서 사례의 경우에는 지역 건보료가 부과되지 않는다.

03 위에서 공적연금소득 1,200만 원이 추가로 발생했다고 하자. 이 경우, 건보료의 관계는?

공적연금소득인 1,200만 원의 50%가 건보료 산정소득에 포함된다. 따라서 총소득이 2,400만 원이 되므로 피부양자 자격 박탈 및 지역 건보료 대상이 된다.

04 Q3에서 공적연금소득의 50%를 더한 이유는 무엇인가?

공적연금소득은 공단으로부터 받은 금액을 말하는데, 이의 100%를 합산하면 건보료 등이 크게 발생해 노후 소득을 줄이는 결과가 되므로 이를 참작한 조치라고 보면 된다.

Tip 금융소득만 있는 경우의 소득세 과세 및 건보료 부과

금융소득 소득 구간	종합과세 여부	건보료 소득 포함 여부	피부양자 자격
1,000만 원 이하	분리과세	미포함	자격 유지
1,000만 원~2,000만 원 이하	분리과세	포함*	자격 유지
2,000만 원 초과	금융소득 종합과세	포함	자격 상실**

* 금융소득이 1,000만 원 초과~2,000만 원 이하는 소득세가 분리과세되지만, 건보료 소득 산정 시에는 이에 포함된다. 세법상의 과세 방법과 건강보험법상의 소득 포함 여부를 혼동하지 않기를 바란다.

** 금융소득을 포함한 종합소득이 2,000만 원 초과 시 금융소득 종합과세는 물론이고, 피부양자 자격이 상실된다.

> 금융소득이 2,000만 원을 넘어갈 때는 배우자의 명의로 이전해 금융소득을 분산하면 세금과 건보료 측면에서 유리할 수 있다. 참고로 배우자 간 자금 이체는 증여에 해당할 수 있지만 10년간 6억 원까지는 비과세가 적용된다.

Tip 고배당 기업(상장법인)에 대한 배당소득 분리과세 도입

기업의 배당 확대를 유도할 수 있도록 배당소득에 대한 분리과세가 도입될 전망이다.

- (개정 내용) 고배당 기업으로부터 받은 배당소득에 대해 종합소득 과세(14~45% 세율) 대상에서 제외하여 분리과세 허용
- (고배당 기업) 전년 대비 현금배당이 감소하지 않은 상장법인*으로서 ①배당성향 40% 이상 또는 ②배당성향 25% 이상 및 직전 3년 대비 5% 이상 배당 증가
   * 공모·사모펀드, 부동산 리츠, SPC, 비상장법인 등 제외
- (대상) 고배당 기업 주식 소유 거주자
- (특례소득) 현금배당액(중간·분기·결산 배당)
- (적용세율) 3단계 누진세율

과세표준	2,000만 원 이하	3억 원 이하	3억 원 초과
적용세율	14%	20%	35%

- (납세 절차) 특례 대상 배당소득이 2,000만 원 이하인 경우는 별도의 신고절차 없이 14% 원천징수를 통해 종결함. 특례 대상 배당소득이 2,000만 원을 초과한 납세자는 배당소득 지급 시 14%로 원천징수를 하고, 이후 종합소득 신고 시 20~35%의 세율로 분리과세 선택 신고(고소득자들은 종합과세와 분리과세 중 유리한 것을 선택 가능)
- (시행 시기) 2026.1.1. 이후 개시하는 사업연도부터 2028.12.31.이 속하는 사업연도까지(시행 첫해에는 2027년도 결산 배당을 통해 산정되는 배당성향 및 배당증가액에 의해 고배당 기업 여부 판정)

참고로 이러한 세제 개편안은 배당소득 과세방식에 영향을 주며, 건보료 부과에는 영향을 주지 않으리라고 보인다.

근로소득과 세금, 그리고 건보료

　50대의 경우 근로소득에 대한 세금 처리법은 눈을 감고도 알 수 있을 것이다. 대부분 20년 이상 해마다 연말정산을 통해 세금을 더 내기도 덜 내기도 했을 테니까 말이다. 그래서 다음에서는 주로 지금 몸담은 회사를 떠난 후에 벌어질 근로소득과 관련된 내용을 정리해보자. 물론 상황에 따라서는 해당 소득이 없을 수도 있다.

1. 근로소득과 관련해 알아둘 것들

첫째, 근로소득에 대한 원천징수와 세금 정산 방법, 그리고 건보료는?
- 매월 급여 지급 시 정부에서 정한 표에 따라 원천징수한다.
- 다음 해 2월 급여 지급 시에 연말정산을 한다.
- 비과세를 제외한 급여에 대해 정해진 비율로 회사와 근로소득자가 1/2씩 부담한다.

둘째, 실업급여를 받으면 세금과 건보료는 어떻게 될까?

실업급여는 과세되는 소득이 아니므로 세금과 건보료에 영향을 미치지 않는다. 한편 건강보험의 경우 자녀 등의 피부양자로 등록이 되든지, 아니면 지역에서 보험료를 내는 것이 원칙이다.

셋째, 일용직 근로소득에 대한 원천징수와 세금 정산 방법, 그리고 건보료는?

일용직 근로소득은 일당 15만 원 초과분에 대해 6.6%의 원천징수로 납세 의무가 종결된다(무조건 분리과세). 한편 건보료는 직장가입 시 직장에서, 직장에서 가입하지 않으면 지역에서 낸다. 물론 피부양자로 등록할 수 있다.

※ 근로소득에 대한 소득세 과세 및 건보료와의 관계

구분	소득세 과세	직장건보료 부과
근로소득	종합과세(연말정산)	직장에서 부과됨.
일용직 근로소득	분리과세	직장에서 부과되는 것이 원칙임(단, 1개월 미만 제외).

* 일용직 근로소득은 직장에서 건보료가 부과되지만, 그렇지 않은 때도 있다. 이 경우에는 피부양자로 등록되거나 지역에서 건보료를 낼 수 있다.

2. 적용 사례

사례를 통해 위의 내용을 확인해보자. K씨는 은퇴 생활을 영위하고 있는 중 다음과 같은 소득이 발생했다.

〈자료〉
- 공무원연금(감액 후) : 연간 3,000만 원
- 임대수입 : 연간 1억 원(필요경비율 50%)
- 이자소득 : 연간 2,000만 원

01 총수입과 건보료 산정 시 종합소득은 얼마인가?

총수입은 1억 5,000만 원이다. 총수입은 필요경비와 세금 등을 차감하기 전의 수입금액을 말한다. 한편 건보료 산정 시 종합소득은 다음과 같다.

- 공무원연금 : 1,500만 원(3,000만 원의 1/2)
- 임대소득 : 5,000만 원(1억 원-1억 원×50%)
- 이자소득 : 2,000만 원(필요경비 없음)
- 계 : 8,500만 원

02 K씨의 지역 건보료는 얼마나 예상되는가?

- 소득 건보료(예상) : 8,500만 원×7.09%=6,026,500원(월 502,208원)
- 재산 건보료 : 재산세 과세표준에 따라 추가됨.

03 만일 K씨가 지역 건보료를 줄이기 위해 근로소득자가 되면 위의 건보료는 어떻게 되는가?

이 경우에는 직장가입자가 되므로 직장에서 건보료를 내게 된다. 그런데 직장가입자에게 근로소득 외 다른 종합소득이 발생하면, 다음과 같이 보험료가 추가로 발생한다.

- 소득에 대한 지역 건보료 : (8,500만 원-2,000만 원)×7.09% = 4,608,500원
- 자산에 대한 지역 건보료 : 발생하지 않음.

» 소득과 재산이 많은 지역가입자가 직장가입자가 되려고 애를 쓰는 것은 바로 위와 같은 효과 때문이다.

> **Tip 은퇴 후 근로소득세 환급받기**
>
> 은퇴한 연도에 사업을 시작해 결손이 발생한 경우에는 결손금을 근로소득금액과 통산할 수 있다. 그 결과, 근로소득세 일부를 환급받을 수 있다.

사업소득과 세금, 그리고 건보료

　사업소득은 개인사업자가 사업 활동을 통해 벌어들인 소득을 말한다. 여기서 사업이란 회사에 고용되지 않고 본인 스스로 독립적으로 소득을 창출하는 행위를 말한다. 이러한 사업 활동은 개인과 법인으로 구분할 수도 있으나, 법인은 절차 등이 복잡하므로 대개 개인으로 사업을 하는 경우가 많다. 그렇다면 개인사업을 하는 경우, 세금 처리법은 어떻게 될까? 그리고 건보료 등은 어떻게 계산할까?

1. 사업소득과 관련해 알아둬야 할 것들

첫째, 사업자등록을 하는 경우의 세금 처리법은?
　사업자가 사업을 하기 위해서는 원칙적으로 사업장이 필요하다. 사업장은 물리적인 장소를 말하므로 대개 임차한 상가 등이 이에 해당하며, 집에서도 할 수 있는 사업은 집을 사업장으로 할 수도 있다. 이때 다음과 같은 세금들이 발생한다.

- 부가세가 발생하는 사업장은 부가세 신고 의무가 있다.
- 부가세가 발생하지 않은 사업장(의료업 등)은 사업장 현황신고 의무가 있다.
- 직원을 고용하면 근로소득에 대한 원천징수 의무가 있다.
- 1년의 실적에 대해 다음 해 통상 5월 중에 종합소득세 신고 의무가 있다.

>> 사업자에 대한 부가세나 소득세 등의 업무는 대부분 외부의 세무회계 사무소에서 담당하고 있다. 이에 대한 문의가 필요하면 저자의 카페로 하기 바란다.

둘째, 사업자등록을 하지 않은 경우의 세금 처리법은?

사업을 할 때 사업장이 필요 없는 일도 있다. 예를 들면, 연예인이나 작가나 학원 강사, 보험설계사 등은 자유롭게 활동하면서 소득 창출을 한다(자유 직업소득자 또는 프리랜서라고 함). 이러한 소득도 엄연히 사업 활동을 통해 창출되기 때문에 사업소득으로 본다. 이러한 사업자는 면세사업자처럼 세금 처리를 한다. 다만, 이들과 차이가 난 부분이 있다. 이를 정리해보자.

구분	면세사업자	
	사업장이 있는 경우	사업장이 없는 경우(프리랜서)
사업자등록 의무	있음.	없음(단, 등록 가능).
매출 발생 시 증빙 교부	계산서, 신용카드 매출전표, 현금영수증	없음. 대가 수령 시 3.3% 원천징수
세금 신고	사업장 현황 신고, 원천세 신고, 소득세	동일

>> 프리랜서소득은 계산서 등을 발행하지 않으므로 소득의 탈루가 일어날 수 있다. 이를 방지하기 위해 지급자에게 최소한의 세율 3%(지방소득세 포함 시 3.3%)를 원천징수하게 하고, 그 지급 내역을 국세청에 보고하도록 하고 있다.

셋째, 사업자와 건보료의 관계는 다음과 같다.

사업자의 건보료는 등록사업자와 미등록사업자로 구분해서 살펴봐야 한다.

- 등록사업자의 경우 사업소득(1원 이상의 소득)이 발생하면 피부양자 자격 박탈 및 지역에서 건보료를 내는 것이 원칙이다.
- 미등록사업자(프리랜서)는 1년간의 수입이 500만 원을 초과하면 피부양자 박탈 및 지역에서 건보료를 내는 것이 원칙이다.*

  * 미등록 주택임대사업자는 앞의 등록사업자처럼 건보료를 처리한다. 따라서 1원 이상의 소득이 발생하면 건보료가 발생한다. 바로 뒤에서 살펴본다.

※ 사업자의 건보료 가입
- 직원이 없는 경우에는 지역가입자가 된다.
- 직원이 1명 이상이면 직장가입자가 된다.

>> 일반적으로 사업자는 직장가입자가 되는 것이 건보료가 유리하다. 이 경우에는 재산에 대해 건보료가 나오지 않기 때문이다.

2. 적용 사례

사례를 통해 위의 내용을 확인해보자.

01 K씨는 사업자에 해당한다. 20×5년 결산한 결과, 1억 원의 이익을 얻었다. 이 경우, 소득세는 얼마나 예상되는가? 소득공제액은 1,000만 원이라고 하자.

- 과세표준 : 9,000만 원(1억 원-1,000만 원)

- 산출세액 : 1,606만 원[9,000만 원×35%-1,544만 원(누진 공제)]

02 위의 K씨는 건보료를 어떤 식으로 내야 하는가?

위 소득에 대해 7.09%를 내야 한다. 이외에도 법에서 정한 재산에 대해서도 보험료를 내야 한다.

03 L씨는 연예인으로 사업자등록을 하지 않고 있다. 20×5년의 수입은 10억 원이다. 이 경우, 소득세 과세 방법과 건보료의 부과 방식은?

- 소득세 → 수입에서 비용을 차감한 순소득에 대해 종합과세가 된다.
- 지역 건보료 → 지역에서 소득과 재산을 기반으로 보험료가 징수된다. 단, 이때 소득이 아무리 높아도 건보료에는 부과 상한(2025년은 한 달 기준 약 450만 원)이 있다.

Tip 은퇴자가 창업할 때 알아두면 좋을 것들

- 사업자등록은 자택도 가능하다.
- 간이과세자로 사업자등록을 하면 부가세를 내지 않아도 된다.
- 투자 비용이 많이 소요되는 업종은 일반과세자로 등록하면 부가가치세를 환급받을 수 있다.
- 법에 맞는 요건을 갖춘 창업에 해당하면 소득세 감면을 최대 5년간 받을 수 있다.
- 사업이 잘 진행되어 소득세 부담이 큰 경우에는 법인으로 전환할 수 있다.
- 이외 회계와 세무 관리는 외부의 세무회계 사무소를 이용할 수 있다.
- 지역에서 건보료를 내는 경우, 올해 사업소득에 대한 건보료는 내년에 정산되어 내년 11월부터 고지된다.

프리랜서와 세금(환급 포함), 그리고 건보료

　프리랜서는 자유스럽게 일을 하는 사람들을 말한다. 대표적으로는 연예인이 있고, 그 외에 학원 강사나 보험설계사, 그리고 방문판매원 등이 있다. 이들의 소득 대부분은 사업소득에 해당하므로 개인사업자들에게 적용되는 세금 정산 방법을 준용하면 별문제가 없다. 다만, 몇 가지 측면에서는 차이가 발생하므로 이 부분 위주로 정리해보자.

1. 프리랜서가 소득과 관련해 알아야 할 것들

첫째, 사업자등록 의무에 관한 것이다.
　원래 사업자는 사업자등록을 하는 것이 원칙이다. 다만, 소득을 지급받을 때 3.3%를 원천징수하는 프리랜서는 사업자등록을 할 필요가 없다. 원천징수 과정에서 소득이 국세청에 보고되기 때문이다. 다만, 3.3%를 공제하지 않는 소득은 세금계산서 등을 발행해야 하므로 사업자등록을 해야 한다. 사업자등록을 할 때는 사업장소가 필요한데, 이때 본인이 거주하고 있는 주소지로도 할 수 있다.

둘째, 세금 정산 방법에 관한 것이다.

프리랜서가 소득을 지급받을 때마다 납부한 원천징수 세액은 다음 해 5월 종합소득세 신고 기간에 정산된다. 예를 들어 4,000만 원의 소득이 발생했는데, 이 중 3,000만 원이 경비라면 과세되는 소득금액은 1,000만 원이다. 소득공제액이 300만 원이라면 원천징수된 세금 중 일부를 돌려받을 수 있다. 단, 원천징수된 세액은 120만 원(지방소득세 12만 원 별도)이라고 하자.

- 종합소득과세표준 = 1,000만 원 - 300만 원 = 700만 원
- 산출세액 = 700만 원 × 6% = 42만 원
- 환급받을 세액 = 산출세액 - 기납부 세액 = 42만 원 - 120만 원
  = △78만 원(지방소득세는 별도로 환급)

▶▶ 과거에 환급받지 못한 경우에는 경정청구 제도를 이용할 수 있다. 이 청구는 원칙적으로 신고일로부터 5년 이내에 할 수 있다. 예를 들어, 2024년도 소득에 대해 2025년 5월 신고를 하지 했더라도, 2030년 5월 전까지 경정청구로 환급 신청이 가능하다.

※ 국세청 홈택스로 3.3%의 세금을 환급받는 방법

① 5월 종합소득세 신고
[홈택스] → [신고/납부] → [종합소득세 신고] → 원천징수 세액 입력

▶▶ 차액이 발생하면 환급 처리, 부족하면 세금을 더 내야 함.

② 경정청구(5월에 신고를 못 했을 경우)
[홈택스] → [신청/제출] → [경정청구]

셋째, 건강보험에 관한 것이다.

프리랜서도 개인사업자에 해당하므로 건강보험 등에 가입해야 한다.

다만, 사업자등록이 없으므로 지역에서 가입하는 것이 원칙이다. 물론 피부양자로 등록할 수 있으나, 연간 수령액이 500만 원 이하가 되어야 하는 등의 요건을 충족해야 한다.

2. 적용 사례 1

사례를 통해 위의 내용을 확인해보자.

01 프리랜서로 일하면서 3.3%를 제외한 돈을 받았다. 이 경우, 세금은 다 낸 것인가?

아니다. 3.3%는 잠정적으로 미리 떼는 세금일 뿐이다. 이때 실제 내야 할 세금이 3.3%보다 적을 경우, 5월에 종합소득세 신고를 하면 돌려받을 수 있다.

>> 세금을 돌려받기 위해서는 소득이 적거나, 소득이 많은 경우에는 필요경비가 많아야 한다.*
>> * 가짜 경비를 반영해 환급받으면 추징을 받을 수 있다.

02 꼭 종합소득세 신고를 해야 하나?

상황에 따라 다르다.
- 소득이 얼마 되지 않은 경우 : 신고를 하지 않으면 3.3% 떼인 세금으로 납세 의무가 종결되나, 환급금이 발생할 수 있으므로 환급 신청(국세청 홈택스)을 활용하도록 한다.
- 소득이 높거나 다른 소득이 있는 경우 : 반드시 종합과세로 신고해야 한다.

03 프리랜서는 건보료를 어떤 식으로 내는가?

원칙적으로 지역에서 건보료를 내야 한다. 다만, 수입금액이 연간 500만 원에 미달하는 한편 재산세 과세표준이 일정 기준에 미달하면 피부양자 등록도 가능하다.

3. 적용 사례 2

K씨는 자유직업 소득자로 다음과 같이 소득 등이 발생했다.

〈자료〉
- 1년간의 사업소득 : 1억 원
- 원천징수 세액 : 300만 원(지방소득세 30만 원)
- 차량비 등 : 3,000만 원
- 종합소득공제액 : 1,000만 원

01 소득금액은 얼마인가?

- 소득금액 = 총수입금액 - 필요경비
→ 1억 원 - 3,000만 원 = 7,000만 원

02 종합소득세 과세표준은 얼마인가?

- 과세표준 = 소득금액 - 종합소득공제액
→ 7,000만 원 - 1,000만 원 = 6,000만 원

03 산출세액은 얼마인가?

- 소득세 산출세액 = 6,000만 원 × 24% − 576만 원(누진 공제)
  = 864만 원

04 추가로 납부해야 하는 세액은 얼마인가?

- 추가로 납부할 세액 = 864만 원 − 300만 원(원천징수 세액)
  = 564만 원

05 원천징수 소득세 300만 원 중 100만 원을 환급받으려고 한다면 총 필요경비는 얼마인가?

원천징수 세액 300만 원 중 100만 원을 환급받기 위해서는 결정세액이 200만 원이 되어야 한다. 이를 6~45%의 세율로 역산하면 과세표준은 대략 2,200만 원이 되어야 한다. 따라서 필요경비는 6,800만 원이 되어야 한다.

- 수입 1억 원 − 필요경비 6,800만 원 − 소득공제액 1,000만 원
  = 2,200만 원

06 Q5에서 필요경비를 가짜로 늘려 환급을 받으면 어떤 문제가 발생하는가?

사후검증이나 세무 조사 등에 의해 세금이 추징될 수 있다. 추징되는 세금은 크게 본세와 가산세(신고불성실 가산세 10~40%, 납부 지연 가산세 8.03%)로 구분할 수 있다.

Tip 프리랜서의 수입금액별 종합소득세 신고 방법

구분	구분	비고
4,800만 원 이하	경비율* 적용	
7,500만 원 이하	경비율 적용과 장부 작성 중 유리한 방법으로 신고	장부 작성 시 필요경비의 입증이 중요함.
7,500만 원 초과	장부 작성 후 신고	

* 실제 경비대신 수입의 몇 %를 경비로 인정해주는 제도를 말한다. 국세청에서 단순경비율과 기준경비율로 구분해 운영하고 있다(홈택스에서 업종별로 검색이 가능하다).

주택임대소득과 세금, 그리고 건보료

세법상 사업소득에는 임대소득을 포함한다. 이러한 임대소득도 노후 소득에서 상당히 중요한 의미가 있다. 평소에는 임대하고 필요할 때는 이를 양도해 양도차익을 얻을 수 있는 수단이 되기 때문이다. 임대자산은 크게 주택과 상가로 구분할 수 있는데, 이 중 주택부터 살펴보자.

1. 주택임대소득에 대한 과세 방법

주택임대소득에 대한 과세 방법은 크게 비과세와 분리과세, 그리고 종합과세로 구분된다.

첫째, 비과세
주택임대소득에 대한 비과세는 다음의 요건을 갖추어야 한다.

- 부부의 주택 수가 1채일 것
- 주택의 기준시가가 12억 원 이하일 것

▶▶ 이 요건을 충족하면 월세와 전세보증금 크기와 무관하게 비과세를 적용한다.

둘째, 분리과세

분리과세는 다른 소득에 합산하지 않고 소득만을 별도로 정해진 세율로 과세하는 방식을 말한다. 개인별로 연간 주택임대소득이 2,000만 원 이하면 적용된다.

- (분리과세 주택임대소득금액*-400만 원**)×단일세율 14%(15.4%)
    * 주택임대소득금액=총수입금액×[1-60%(등록), 50%(미등록)]
    ** 종합소득금액이 2,000만 원 이하인 경우에만 400만 원(초과는 0원)을 차감함.

예를 들어 연간 미등록 주택임대소득이 1,000만 원이고 종합소득금액이 2,000만 원 이하라면 다음과 같이 세금이 예상된다.

- [1,000만 원×(1-50%)-400만 원]×14% = 100만 원×14%
   = 14만 원(15만 4,000원)

만일 종합소득금액이 2,000만 원 초과 시에는 400만 원을 공제받지 못하므로 다음과 같이 세금이 예상된다.

- [1,000만 원×(1-50%)-0원]×14% = 500만 원×14%
   = 70만 원(77만 원)

▶▶ 참고로 주택임대소득에 대한 분리과세는 선택적 분리과세에 해당한다.

셋째, 종합과세

이외의 경우에는 다른 소득과 합산해 6~45%의 세율로 종합과세한다. 표로 정리하면 다음과 같다.

구분		금액	비고
종합소득세	종합소득금액	×××	비과세, 분리과세 소득 제외
	− 종합소득공제		인적공제, 물적공제
	= 과세표준	×××	
	× 세율	6~45%	소득세율
	− 누진 공제		
	= 산출세액	×××	
	− 세액공제 등		특별세액공제 등
	= 결정세액	×××	
	+ 가산세		
	= 납부할 세액	×××	
지방소득세		×××	
총 계		×××	

2. 주택임대소득에 대한 피부양자 자격과 건보료

주택임대소득에 대한 피부양자 자격과 건보료 부과의 관계를 정리해 보자.

① 피부양자 소득 요건

주택임대소득(비과세소득 제외)의 경우에는 사업자등록 여부와 관계없이 무조건 피부양자에서 제외한다. 다만, 소득금액이 0원이거나 결손인 경우에는 제외한다.

② 지역 건보료 부과

주택임대소득에 대한 건보료는 다음과 같은 기준에 따라 소득을 산정한다.

- 종합소득 : 주택임대수입에서 비용을 차감해 계산한다(장부 작성 원칙).
- 분리과세 소득 : 다음과 같이 소득을 파악한다(건강보험공단 홈페이지 참조).

구분	소득 파악	비고
장기임대등록	임대수입×1-80%	세법상 소득 파악과 차이가 남. 아래 표 참조
기임대등록	임대수입×1-40%	
미등록	임대수입×1-0%	

※ 주택임대소득의 필요경비율 비교

구분	소득세법상 필요경비율 (분리과세)	건보료 산정 시 필요경비율
등록 임대사업자	60%	80%(8년 이상 장기)
		40%(4년 단기)
미등록 임대사업자	50%	0%

3. 적용 사례

사례를 통해 위의 내용을 확인해보자. K씨는 다음과 같은 주택임대소득 등이 발생했다고 하자.

〈자료〉
- 주택임대소득(과세소득임) : 연간 2,000만 원(사업자등록하지 않음)
- 국민연금 수령액 : 연간 1,200만 원
- 기타 사항은 무시하기로 함.

01 주택임대소득에 대한 소득세 과세 방법은?

연간 2,000만 원 이하이므로 분리과세를 적용한다. 다만, 납세자의 선택에 따라 종합과세를 받을 수 있다.

02 국민연금 수령액에 대한 소득세 과세 방법은?

국민연금 수령액은 공적연금으로서 연금소득에 해당한다. 따라서 공단에서 1차로 연말정산을 한 후 다른 종합소득과 합산해 정산한다. 그런데 사례의 주택임대소득을 분리과세로 신고하면 국민연금에 대해서는 종합소득세 신고를 할 필요가 없다.

- 분리과세 선택 시 : 따로 신고(합산하지 않음)
- 종합과세 선택 시 : 국민연금소득과 합산해서 누진세율 적용

≫ 이에 관한 실제 사례는 62페이지를 참조하기 바란다.

03 K씨는 피부양자 자격이 없는 이유는 무엇인가?

건강보험 피부양자 자격 요건 중 소득 기준을 충족하지 않았기 때문이다. 즉, 주택임대사업자는 비과세가 아닌 한 원칙적으로 피부양자 자격을 부여하지 않는다.

04 만일 주택임대소득을 관할 세무서에 신고하지 않으면 소득세 과세 여부 및 피부양자 등록이 가능해지는가?

신고하지 않는다고 해서 과세 대상에서 벗어나지 않는다. 국세청은 과세자료 수집(현금영수증, 임대차계약 신고 등)을 통해 과세할 수 있기 때문

이다. 한편, 건강보험 자격은 건강보험공단이 별도로 소득자료를 확보해 심사하므로, 신고 여부와 무관하게 피부양자 자격을 잃을 수 있다.

> **Tip 건강보험공단의 주택임대소득자료 파악**
>
> 건강보험공단은 주택임대소득을 포함한 소득 정보를 파악하기 위해 다양한 방법을 활용하고 있다.
> - 국세청자료 연계 : 국세청과의 자료 공유를 통해 소득 정보를 확인한다.
> - 전·월세 신고제 활용 : 임대차계약 신고 정보를 통해 임대소득 여부를 파악한다.
> - 부동산 정보 연계 : 국토교통부, 지방자치단체, 등기소 등으로부터 부동산 보유 및 거래 정보를 수집해 임대 가능성과 임대 사실 여부를 분석한다.
>
> ※ 주택임대차계약 신고제 주요 내용
> - 신고 대상 : 보증금 6,000만 원 초과 또는 월세 30만 원 초과의 주택임대차 계약(경기도 외 군 지역 제외)
> - 신고 기한 : 계약 체결일로부터 30일 이내
> - 신고 방법 :
>   - 지자체 읍·면·동 행정복지센터 방문
>   - 부동산거래관리시스템(rtms.molit.go.kr)을 통한 온라인 신고
> - 과태료 부과 : 2025년 6월 1일 이후 체결된 계약부터 신고 지연 시 최대 30만 원의 과태료 부과

상가임대업과 세금, 그리고 건보료

많은 은퇴예정자나 은퇴자들이 상가에서 나오는 임대소득을 가지고 싶어 하는 경우가 많다. 주택처럼 노후에 있어 상당히 중요한 소득원이 될 수 있기 때문이다. 실제 상가만 가지고 있더라도 매달 100만 원, 200만 원이 꾸준히 들어오면 톡톡히 연금소득원의 구실을 할 수 있다. 하지만 이러한 소득이 발생하면 세금이 생각보다 많을 수 있고, 건보료에도 영향을 줄 수 있다. 다음에서 이에 대해 정리해보자.

1. 상가임대와 과세 방법, 그리고 건보료

상가임대업은 주택임대업과는 달리 수입금액에서 장부 등으로 파악한 비용을 차감한 금액에 대해 종합과세가 적용되는 한편, 지역가입자의 경우 소득과 재산에 대해 지역 건보료를 산정한다.

- ▶ 상가세금 : 종합과세가 적용된다.
- ▶ 상가 건보료 : 지역에서 임대소득과 재산에 대해 동시에 건보료가

부과된다.

※ 주택임대업과 상가임대업 소득세와 지역 건보료 비교

구분		주택임대업	상가임대업
소득세	소득세 과세 방법	비과세, 분리과세, 종합과세 중 하나	종합과세(무조건)
	소득금액 파악	• 분리과세 : 수입금액-필요경비(50~60%) -소득공제(0원, 400만 원) • 종합과세 : 수입금액-필요경비(장부, 경비율)	종합과세 : 동일
건보료 소득 포함 여부	피부양자	제외	동일
	지역 건보료	• 분리과세 : 수입금액-필요경비(0%, 40%, 80%*) • 종합과세 : 소득금액(수입-필요경비)	소득금액 (수입-필요경비)

* 관할 지자체와 관할 세무서에 장기(8·10년 이상)로 임대등록한 경우를 말한다. 이렇게 등록하면 중도에 임대를 포기하면 과태료 등이 부과되므로 무조건 임대등록을 하지 않도록 하자.

2. 적용 사례

사례를 통해 위의 내용을 확인해보자.

01 K씨는 올해 57세로 은퇴 준비를 하고 있다. 현재 그는 2주택을 보유하고 있다. 이 중 한 채를 임대해 월 100만 원 정도의 수익을 기대하고 있다. 이 임대소득에 대한 소득세 과세와 건보료의 관계는?

- 소득세는 분리과세된다.
- 주택임대소득이 발생하면 피부양자 자격이 없으며, 지역에서 건보료가 부과된다.

02 L씨는 상가를 임대하고 있다. 이 소득에 대한 소득세 과세 방법과 건보료는?

무조건 종합과세가 적용된다. 건보료의 경우, 피부양자 자격 박탈 및 지역 건보료 부과 대상이 된다.

03 상가를 양도해서 양도차익(양도가액-당초 취득가액) 1.8억 원이 예상된다. 이 경우, 양도소득금액은 얼마나 예상되는가? 10년을 보유했고, 그동안 임대소득세를 낼 때 감가상각비 2,000만 원을 비용으로 처리했다.

세법상 양도차익은 1.8억 원이 아닌 2억 원이 된다. 감가상각비로 처리한 금액은 취득가액에서 차감하므로 결과적으로 그만큼 양도차익이 증가하기 때문이다. 이에 양도차익에 장기보유특별공제 20%(2%×10년)를 적용하면 소득금액은 1.6억 원이 된다.

≫ 양도세는 양도소득금액에서 기본공제 250만 원을 차감한 과세표준에 6~45%를 곱해 계산한다.

04 만약 오피스텔을 상가로 임대하면 임대소득은 어떤 식으로 처리해야 하는가?

업무용 오피스텔은 상가처럼 세금 및 건보료 처리를 해야 한다. 주거용 오피스텔은 주택으로 보아 이들을 처리하면 된다.

Tip 오피스텔과 세금, 그리고 건보료

구분	주거용 오피스텔	업무용 오피스텔
세법상 주택 해당 여부	해당함.	해당하지 않음.
취득 시 부가세 발생 여부	면제됨.	발생함(임대사업자는 환급 가능).
취득세율	4%	동일
양도세 비과세 가능 여부	비과세 가능	불가능
양도 시 부가세 발생 여부	면제됨.	발생함(포괄양수도 계약 시 생략 가능).
지역 건보료	부과함.	부과함.

국민연금소득과 세금, 그리고 건보료

 노후 소득 중 가장 기본적이고 중요한 소득은 바로 국민연금 등 공적연금이다. 비교적 적은 돈으로 죽는 날까지 고정소득이 계속 발생하기 때문이다. 이러한 관점에서 이 소득의 중요성이 주목받는다. 다음에서는 국민연금 등을 둘러싼 다양한 내용을 살펴보자. 이러한 내용은 은퇴를 앞둔 50대는 물론이고 은퇴와 거리가 먼 세대들도 알아두면 좋을 것이다.

1. 국민연금 등 수령과 관련되어 알아야 할 것들

첫째, 연금예상액은 얼마인가?

 국민연금은 기본적으로 최소 10년(120개월) 이상 가입해야 연금을 받을 수 있다. 예상 수령액은 국민연금공단 홈페이지에서 '내 연금 알아보기' 통해 확인할 수 있다. 참고로 국민연금의 수령액은 '가입 기간, 평균 소득월액(가입 기간에 전체 소득의 평균소득 A 값), 연금 지급률(소득대체율)' 등으로 결정된다.

>> 실제 국민연금 수령액은 가입 연도별 소득, 물가 상승률, 수급 개시 연령, 재직 중 감액/추납, 조기 또는 연기 수령 여부 등에 따라 달라질 수 있다.

※ **2025년 정부의 연금개혁안**

구분	2025년	2026년 이후
보험료 인상	9%(회사 1/2 부담, 사업자는 전액 부담)	13%(2033년까지 매년 0.5%P씩 인상)
소득대체율* 고정	41.5%	43%(고정)

* 은퇴 전 평균소득 대비 연금으로 받는 금액의 비율을 말한다. 가입 기준 40년을 기준보다 가입 기간이 줄어들면 소득대체율이 줄어든다(국민연금공단 홈페이지 참조).

둘째, 연금 수령에 따른 과세 방법과 건보료와의 관계는?

건강보험 피부양자 판정이나 지역가입자 건보료 산정 시 공적연금은 50%(단, 피부양자 판정은 100%) 반영되나, 사적연금은 전액이 반영되지 않는다.

구분	세금 부과 방식	건보료에 반영 여부
국민연금	종합소득세 과세(연금소득)	50% 반영
공무원·군인연금	종합소득세 과세(연금소득)	50% 반영
연금저축(사적연금)	연금소득세 분리과세 또는 종합과세 선택	미반영
퇴직연금(IRP 등)	연금소득세 분리과세	미반영

>> 피부양자 판정 시에는 공적연금(공제 전)의 50%가 아닌 100%를 소득에 반영함에 유의하기 바란다.

셋째, 유족연금은 누가 얼마나 받을까? 그리고 상속세는 과세될까?

먼저 지급률은 다음과 같이 예상된다. 그리고 수급권자는 1순위 배우자가 되며 그 외 자세한 것은 관할 공단의 홈페이지 등을 참조하기 바란다.

제도	유족연금 지급률(대략)	비고
국민연금	약 40~60%	재혼 시 지급 중단, 가입 기간 따라 다름.
공무원연금	60~70%	배우자 중심, 일부는 70% 보장
군인연금	70~100%	위험직무 특성 반영
사학연금	공무원연금과 유사	기본 60%(일부 70%)

한편 유족연금에 대해서는 상속세가 되지 않는다. 유족연금은 일종의 사회보장 급여로 간주하기 때문이다.

※ **부부가 동시에 국민연금에 가입한 경우**

상황	수령 방식
부부 모두 생존	각자 국민연금 100% 전액 수령
한쪽 사망	본인 연금 전액+배우자의 유족연금 일부(통상 30~50% 수준)만 추가 수령 가능(공제율은 공단 문의)

2. 적용 사례

사례를 통해 위의 내용을 확인해보자. 신숙경 씨(64세)는 30년간 직장생활을 하고 퇴직한 후, 현재 국민연금을 수령 중이다. 남편인 김성수 씨(65세)도 과거 공무원이었으며, 현재는 공무원연금을 수령 중이다. 두 사람은 서울에서 자가 거주 중이며, 보유재산은 지역 건보료 산정에서 제외한다고 가정한다.

〈자료〉

구분	신숙경 씨	김성수 씨
연금 종류	국민연금	공무원연금

구분	신숙경 씨	김성수 씨
연금 수령액(연)	1,200만 원	2,400만 원
기타소득	없음.	근로소득 연 4,000만 원
피부양자 여부	가능성 있음.	지역가입자(근로소득 있음)
재산보유 여부	보유하고 있으나, 건보료 부과 대상 아님.	동일

01 연금은 각각 얼마나 받을 수 있나?

- 신숙경 씨 : 국민연금 100% 수령 → 연 1,200만 원
- 김성수 씨 : 공무원연금 100% 수령 → 연 2,400만 원

≫ 부부 모두 생존 중이므로 각자 연금 전액을 받을 수 있다.

02 김성수 씨의 공무원연금은 감액될까?

공무원연금 수령 중 근로소득 등이 일정 기준(예 : 근로자 평균임금)을 초과하면, 초과분에 따라 연금이 일부 감액된다. 기준 금액은 매년 변동될 수 있으므로 공무원연금공단을 통해 확인할 필요가 있다.

03 건보료는 어떻게 될까?

신숙경 씨는 다른 소득이 없고, 재산에도 건보료가 부과되지 않으므로 피부양자 자격이 가능하다. 한편 김성수 씨는 근로소득이 있어 직장가입자에 해당하므로 직장에서 건보료를 내게 된다. 근로소득 외 소득에 대해서는 종합소득이 2,000만 원을 초과해야 하는데, 사례는 이와 관계가 없으므로 지역에서 별도의 건보료가 부과되지 않는다.

04 세금은 어떻게 될까?

신숙경 씨는 공단에서 연말정산으로 종결되고, 김성수 씨는 5월에 공적연금과 근로소득을 합해 종합소득세 신고를 해야 한다.

05 향후 한 사람이 사망하면 유족연금은 어떻게 되나?

김성수 씨 사망 시 신숙경 씨는 본인 국민연금 1,200만 원 전액을 받으며, 남편 공무원연금의 60~70% 정도 유족연금으로 수령 가능하다.

>> 단, 본인 연금과 유족연금의 중복 제한으로 인해 앞의 합계액 중 일부만 받을 수 있으므로 자세한 것은 공단에 문의하자. 참고로 유족연금은 수급권자의 권리이므로, 피상속인의 사망 당시 금액이 상속재산에 포함되지 않는다.

06 유족연금은 상속재산에 포함되지 않는다. 그렇다면 상속세 신고 시 이 재산을 제외해도 문제는 없는가?

이 재산도 포함하는 것이 원칙이나, 이를 제외하고 신고해도 문제는 없다.

국민연금공단의 연말정산 절차

국민연금 등 공적연금은 매월 각 공단에서 정해진 기준에 따라 연금을 지급한다. 그렇다면 이들에 대해서는 어떤 식으로 세금이 정산될까? 다음에서는 국민연금을 기준으로 이에 대해 알아보자.

1. 국민연금 지급에 따른 세무 처리 절차

첫째, 매월 공단은 정해진 기준에 따라 일정액을 원천징수한다.

▶▶ 2001년 이전 납입분과 장애연금 및 유족연금은 소득세가 비과세된다.

둘째, 12월 연금소득 연말정산에 필요한 '연금소득자 소득·세액 신고서'를 제출해야 한다.

▶ 국민연금 연말정산 시 공제받을 수 있는 항목들
  • 소득공제 : 본인공제(150만 원), 부양가족공제, 경로자우대공제,

장애인공제 등
- 세액공제 : 자녀세액공제, 표준세액공제(7만 원)만 적용

>> 연금수급자 중 과세 대상 연금소득이 연간 770만 원 미만이 될 때는 세금이 발생하지 않으므로 서류 제출이 필요 없다. 그 외의 경우에는 공단 안내문에 따라 서류를 제출하면 된다.

셋째, 공단은 다음 해 1월 연금 지급 시 다음과 같은 구조로 연말정산을 하게 된다.

구분	금액	내용
연금소득		
− 연금소득공제		아래 참조
= 연금소득금액	×××	
− 종합소득공제*		기본공제, 부양가족공제
= 과세표준	×××	
× 세율 6~45%		
= 산출세액		
− 세액공제*		자녀세액공제, 표준세액공제(7만 원)
= 결정세액	×××	
− 기납부 세액		
= 납부 또는 환급세액	×××	

* 연금소득자의 소득공제와 세액공제는 인적공제 정도만 적용된다.

※ **연금소득공제**

연금소득이 있는 거주자에게 해당 과세 기간에 받은 총연금액(분리과세 연금소득은 제외한다)에서 아래의 금액을 공제한다. 다만, 공제액이 900만 원을 초과하면 900만 원을 공제한다.

총 연금액	공제액
350만 원 이하	총 연금액 전액 공제
350만 원 초과~700만 원 이하	350만 원+(초과분×40%)
700만 원 초과~1,400만 원 이하	490만 원+(700만 원 초과분×20%)
1,400만 원 초과	630만 원+(1,400만 원 초과분×10%)

예를 들어, 국민연금 수령액이 연간 1,500만 원이라면 연금소득공제액은 640만 원이 된다. 따라서 연금소득금액은 860만 원이 된다.

2. 적용 사례

사례를 통해 위의 내용을 확인해보자.

01 1995년에 입사해 2025년(30년 근무)에 퇴직한 신 부장이 국민연금을 받으면 공단은 어떤 식으로 조처할까?

다음 기준으로 따라 세금 처리를 한다.
- 2001년 이전 분 : 소득공제 미적용 그리고 연금소득세 비과세
- 2002년 이후 분 : 소득공제 적용 그리고 연금소득세 과세

≫ 2002년 이후 납입한 국민연금보험료는 소득공제가 적용되는 한편 연금 수령 시 원천징수(3~5%)를 한다. 그리고 다음 해 1월에 공단에서 연말정산을 하게 된다.

02 연금소득공제 후 연금소득금액이 1,000만 원이라고 하자. 소득공제액은 300만 원(기본공제 등)이라고 할 때 산출세액은 얼마인가?

700만 원이 과세표준이고, 이에 6%를 곱하면 42만 원이 나온다.

>> 이 산출세액을 기준으로 원천징수한 세액과 비교해 세금을 환급 또는 납부하게 된다. 물론 환급세액과 납부세액은 1월분 수령분에 반영된다.

Q3 Q2의 소득 외에 근로소득금액 1,000만 원이 추가로 발생했다면, 이 경우에는 어떤 식으로 세금을 정산해야 하는가?

이때는 종합소득세 계산구조에 따라 이 둘의 소득을 합산해 신고해야 한다. 이때 근로소득에 적용되는 각종 종합소득공제와 세액공제 등을 추가할 수 있다. 예를 들면, 소득공제액에는 국민연금보험료 공제, 주택자금공제 등이 추가될 수 있고, 세액공제는 근로소득 세액공제 등이 추가된다.

>> 국민연금만 있으면 종합소득세 신고를 별도로 할 필요는 없으나, 다른 소득이 있다면 이를 해야 하므로, 소득공제나 세액공제 등을 충분히 활용하도록 한다 (57페이지 참조).

Tip 국민연금의 과세체계

구분	보험료 납입 시 소득공제	수령 시 과세 여부
2001년 이전 납입	X	X
2002년 이후 납입	○(전액)	○(조건표상 원천징수 → 연말정산)

개인연금소득과 세금, 그리고 건보료

개인연금은 사적연금 중의 하나에 해당하며, 이의 원천은 연금저축(운용은 은행·증권·보험회사)이다. 이 상품은 납입할 때는 세액공제 혜택을 받을 수 있고, 연금을 받을 때는 연금소득세(3~5% 원천징수)로 과세하는 틀로 운용되고 있다. 다음에서 연금저축에 적용되는 세금과 건보료 체계를 자세히 살펴보자. 참고로 퇴직연금도 사적연금에 속하나, 연금저축과는 결이 다르므로 이에 대해서는 다음 장에서 살펴보고자 한다.

1. 연금저축에 대한 과세체계

첫째, 보험료 세액공제

개인이 납입하는 연금보험료는 연간 최대 600만 원*까지 세액공제를 받을 수 있다.

* 이외에도 본인의 퇴직연금계좌(IRP)에 직접 납입하면, 연금저축과 합산해 연간 최대 900만 원까지 세액공제를 받을 수 있다(단, 연금저축 단독 한도는 600만 원).

▶ 세액공제율
- 총급여 5,500만 원 이하(또는 종합소득금액 4,500만 원 이하) :
  16.5%(지방소득세 포함, 실제 세금 혜택은 최대 148.5만 원)
- 총급여 5,500만 원 초과(또는 종합소득금액 4,500만 원 초과) :
  13.2%(지방소득세 포함, 실제 세금 혜택은 최대 118.8만 원)

둘째, 연금소득세 과세
연금소득이 발생하면 이때 원천징수를 하게 되며, 과세 방법은 선택적 분리과세가 적용된다.
① 연간 수령액이 1,500만 원 이하인 경우 : 분리과세(3~5%)와 종합과세 중 선택
② 연간 수령액이 1,500만 원 초과한 경우 : 분리과세(15%)와 종합과세 중 선택

2. 적용 사례

사례를 통해 위의 내용을 확인해보자.

01 금융회사에서 개인연금을 지급할 때 원천징수는 몇 %로 하는가?

연금을 받는 연령에 따라 3~5%의 세율로 원천징수한다(이외 지방소득세가 10% 추가된다). 참고로 연령과 관계없이 종신계약에 따른 연금은 4%(2026년 이후는 3%로 인하 예정)를 적용한다.

- 55~70세 : 5%(5.5%)
- 70~80세 : 4%(4.4%)
- 80세 이상 : 3%(3.3%)

02 소득세는 어떤 식으로 정산해야 할까?

선택적 분리과세가 적용된다.

03 개인연금 수령 중 중도에 해지하면, 세금은 어떤 식으로 정산되는가?

중도해지 사유가 부득이한 경우(사망, 해외 이주 등)에는 정상을 참작해 3~5%로 선택적 분리과세를 한다. 하지만 임의로 중도해지를 한 경우에는 불이익을 주는 관점에서 15%로 무조건 분리과세를 한다. 따라서 이 경우에는 종합과세를 선택할 수 없다.

>> 중도해지 사유가 부득이한지 안 한지에 따라 원천징수 세율과 과세 방법이 달라짐을 점검하자.

04 K씨는 본인의 퇴직연금계좌(IRP)에 500만 원을 냈다. 이 경우, 어떤 혜택이 있고 향후 연금을 받을 때 원천징수 세율은 몇 %이고, 세금 정산 방식은 어떠한가?

IRP에 납입한 금액에 대해서는 연금저축처럼 세액공제가 적용되는 한편, 향후 연금 수령 시 3~5%로 원천징수가 된다. 그리고 세금 정산은 선택적 분리과세가 적용된다.

Tip 연금저축과 IRP 계좌의 비교

세액공제를 적용받을 수 있는 연금저축보험과 IRP 계좌를 비교하면 다음과 같다.

구분	연금저축	IRP 계좌
가입자격	소득과 무관*	소득이 있는 사람
적립한도액	연 1,800만 원(IRP 포함) → 연금 수령 개시 후 해당 연금계좌에 대한 추가 납부 불가	
가입 기간	5년 이상(세액공제 적용 시)	좌동
상품 운용 특징	• IRP보다 강도가 약함. • 중도인출 가능	• 안전자산 30% 준수 • 특정 상품 운용 금지 • 일부 중도인출 금지 등
상품 운용사	은행, 증권, 보험회사 등	은행, 증권사 등
계좌 수	제한 없음.	동일
연금 수령 요건	• 최소 납입 기간 5년 경과 후 10년 이상 매년 연금 수령 한도 내에서 인출할 것 • 55세 이후 연금 받을 것	
세액공제 한도	600만 원	900만 원(단, 연금저축 단독 가입 시 600만 원 한도)
과세 방법	• 선택적 분리과세(3~5%, 1,500만 원 초과분은 15%) • 중도해지 시 무조건 분리과세(15%)	

* 연금저축의 연령 기준이 삭제되어 미성년 자녀도 이에 대해 가입을 할 수 있게 되어 일찍 노후를 대비할 수 있게 되었다.

>> 연금저축과 IRP는 별개의 상품에 해당한다. 전자는 순 저축 수단으로, 후자는 퇴직금 입금계좌용으로 많이 사용된다. 전자와 후자의 계좌를 단독으로 운영하면 전자는 연간 600만 원, 후자는 900만 원까지 세액공제(12~15%)가 가능하다. 만약 이 둘을 동시에 운영하면 합해서 최대 900만 원까지 세액공제가 가능하다. 예를 들어, 연금저축에 600만 원 가입하고 나머지 300만 원은 IRP에 납입하면 총 900만 원까지 세액공제를 받을 수 있다. 어떤 상품에 우선해 가입할 것인지 등은 금융기관 등을 통해 알아보기 바란다.

기타소득과 세금,
그리고 건보료

기타소득은 개인이 비일상적으로 벌어들인 소득을 말한다. 그렇다면 개인에게 기타소득이 발생하면 세금 처리법은 어떻게 될까? 그리고 건보료 등은 어떻게 계산할까? 참고로 이 기타소득에는 강의료나 복권당첨금, 개인연금 중도해지 금액 등이 포함된다.

1. 기타소득과 관련해서 알아둬야 할 것들

첫째, 기타소득의 범위다.

기타소득은 종합소득인 이자·배당소득, 근로소득, 사업소득, 연금소득 외의 세법에서 열거한 소득을 말한다. 이는 세법적으로 일상적인 경제활동에서 벗어난 일시적·우발적 소득을 의미하기도 한다. 이에는 다음과 같은 것들이 있다.

예)
- 강연료, 원고료, 자문료, 상금

- 주택지체상금
- 위약금, 손해배상금
- 연금계좌 중도해지 금액 등

▶▶ 반복적이고 계속성 있는 소득은 사업소득으로 전환될 수 있음에 유의해야 한다.

※ **기타소득과 사업소득의 비교**

구분	기타소득	사업소득
발생 형태	비정기적, 우발적	지속적, 반복적
세금 처리	원천징수 후 분리 또는 종합과세 선택	종합소득세 신고 필수
건보료 반영	필요경비 공제 후 소득금액 반영	장부 기장 결과 소득금액 반영
사업자등록	필요 없음.	필수(프리랜서는 선택)

둘째, 기타소득에 대한 원천징수와 세금 정산 방법이다.

① 무조건 분리과세

복권당첨소득(20~30%), 연금계좌 중도해지 금액(15%) 등은 무조건 분리과세를 적용한다. 이는 원천징수로 납세 의무가 종결되는 것을 말한다.

② 선택적 분리과세

기타소득금액이 300만 원 이하면 분리과세와 종합과세 중 하나를 선택할 수 있다. 강의소득이나 인세 등이 대표적이다.

구분	내용
원천징수	소득금액 22%(소득세 20%+지방소득세 2%) 원천징수
필요경비	기본공제율 60%(혹은 실제 지출한 경비) 중 택일 가능

③ 무조건 종합과세

무조건 분리과세 외 기타소득금액이 300만 원을 초과하는 경우는 무조건 종합과세를 적용한다.

셋째, 기타소득과 건보료의 관계다.

구분	반영 방식
피부양자 요건 판단 시	기타소득금액(총수입-필요경비*) 등 종합소득이 연간 2,000만 원 초과 시 피부양자 자격 상실
지역가입자 보험료 산정 시	기타소득금액(수입-비용) 전액 반영

* 강의소득의 경우 필요경비율(60%) 적용 후 기타소득금액이 과세 기준이다.
예 : 강연료 500만 원 → 필요경비 300만 원 → 과세 대상 소득 200만 원

2. 적용 사례

사례를 통해 위의 내용을 확인해보자. K씨는 다음과 같은 소득을 얻었다. K씨는 건보료를 지역에서 내고 있다.

〈자료〉
- 기타소득금액 : 1,000만 원
- 국민연금 : 2,000만 원
- 퇴직연금 : 2,000만 원
- 개인연금 : 1,000만 원(세액공제를 받았음)

01 기타소득의 세법상 의미는 무엇인가?

기타소득은 근로소득, 연금소득 등과 성격이 다르지만, 이를 종합소득의 한 소득으로 분류해 이에 대해 종합과세를 적용하기 위한 의미가

있다.

02 사례에서 소득세 과세 방법은?

국민연금과 기타소득은 합산해 종합과세하는 것이 원칙이다. 퇴직연금과 개인연금은 원칙적으로 분리과세된다.

03 국민연금과 퇴직연금, 개인연금의 소득은 모두 연금소득에 해당한다. 그렇다면 이들 연금을 일시금으로 받으면 소득분류는 어떻게 하는가?

국민연금과 퇴직연금은 퇴직소득, 개인연금은 기타소득으로 분류한다. 이렇게 분류하는 이유는, 연금소득은 정해진 기간마다 일정한 금액을 받는 금전인데, 일시금으로 받는 것은 세법상 연금소득에 해당하지 않기 때문이다.

04 국민연금과 퇴직연금 그리고 개인연금을 일시금으로 받으면 과세 방법은 어떻게 되는가?

- 국민연금 → 세법은 이를 퇴직소득세로 계산해 징수한다(10년 미만 가입 시 반환금 등).
- 퇴직연금 → 퇴직연금을 중도에 일시에 받으면 퇴직소득세로 징수한다(분류과세).
- 개인연금 → 중도해지로 받은 금액은 기타소득으로 보고 15% 원천징수로 무조건 분리과세한다.*

    * IRP 납입액이나 퇴직소득 운용소득도 기타소득으로 15% 원천징수한다.

≫ 국민연금, 퇴직연금, 개인연금을 일시금으로 받으면 세 부담이 커짐에 유의하자.

05 위의 K씨는 건보료를 어떤 식으로 내야 하는가?

 K씨는 지역가입자에 해당하므로 위 소득 중 국민연금의 절반인 1,000만 원과 기타소득금액 전액인 1,000만 원 등 총 2,000만 원에 대해 7.09%를 곱한 건보료를 내야 한다. 이외에 재산에도 별도로 부과된다. 참고로 퇴직연금과 개인연금은 사적연금으로 이에 대해서는 건보료가 부과되지 않는다.

Tip 기타소득과 세금, 그리고 건보료 요약

대상	과세 방법	피부양자 지역 건보료
복권당첨소득, 개인연금 중도해지 금액	무조건 분리과세	원칙적으로 제외(공단 문의)
기타소득금액 300만 원 이하 분	선택적 분리과세	소득금액 100% 포함
기타소득금액 300만 원 초과분	무조건 종합과세	소득금액 100% 포함

절세 탐구 1 | 3대 연금과 세금, 그리고 건보료 종합정리

50대 이후의 사람들이 가장 궁금해하는 소득은 바로 연금소득이 아닐까 싶다. 죽을 때까지 이 소득을 잘 유지하는 것이 필요하기 때문이다. 그런데 이 연금은 국민연금, 퇴직연금, 개인연금 등으로 크게 구분된다. 이를 실무에서는 3대 연금이라고 한다. 다음에서 이에 대한 세금과 건보료 체계 등을 알아보자. 참고로 직장인과 사업자의 연금자산 구축법은 부록을 참조하기 바란다.

1. 3대 연금에 대해 알아야 할 것들

첫째, 연금의 종류에는 어떤 것들이 있을까?

연금의 종류는 크게 국가 등이 운영하는 공적연금과 민간회사가 운영하는 사적연금으로 구분된다. 사적연금은 퇴직연금과 개인연금이 해당한다.

구분	공적연금	사적연금
종류	국민연금, 공무원연금, 군인연금, 사학연금	퇴직연금(DB, DC, IRP), 개인연금*
운영 주체	국가 또는 공공기관	민간금융회사(은행, 보험사, 증권사 등)
지급 보장	국가 지급 보장	민간회사 지급책임, 파산 위험 존재

* 이 책에서 개인연금은 주로 세제 혜택을 받을 수 있는 연금저축에서 나오는 소득을 말한다. 참고로 세제 혜택을 받을 수 없는 저축성보험 상품에서 발생하는 수익은 이자소득에 해당하나, 10년 유지 시 비과세 등을 주기도 한다.

둘째, 연금은 언제부터 얼마를 받을 수 있을까?

연금은 은퇴 전 국민연금공단이나 민간회사에 적립한 재원을 기초로 지급되는 상품에 해당한다. 따라서 연금 수령액 등은 이 2가지 유형으로 구분해 살펴봐야 한다. 표로 이를 요약하면 다음과 같다.

구분	공적연금	사적연금
수령 개시 시기	• 국민연금은 만 63세 이상(점진적으로 만 65세까지 상향 중) • 기타 공적연금은 보통 퇴직 후	만 55세 이후 수령 가능(상품에 따라 유동적)
지급 방식	• 사망 전까지 종신 지급 • 사망 후 유족에게 유족연금 또는 일시금 지급 가능	• 계약에 따라 확정 기간 또는 종신 지급 가능 • 사망 시에는 계약 조건에 따름.
예상 수령액 조회	각 연금공단 홈페이지에서 조회 가능	가입한 민간금융회사 통해 확인 가능

셋째, 연금을 받을 때 세금은 얼마나 낼까?

구분		연금 수령 시 원천징수	지급처 연말정산	종합과세 신고 여부
공적연금		조견표	공단 등에서 수행	다른 소득과 합산신고 의무 있음.
사적연금	퇴직연금	퇴직소득세의 60~70%	없음.	없음(분리과세).
		운용소득 : 3~5%		3~5%(1,500만 원 초과분은 15%) 분리과세와 종합과세 중 선택
	개인연금 (연금저축)	3~5%		
비고 : 일반연금(연금저축 외)*		이자소득 비과세 또는 14%	없음.	금융소득 2,000만 원 초과 : 종합과세 (이하 분리과세)

* 보험회사에서 운영하는 저축성보험이 대표적이다. 여기에서 발생한 소득은 이자소득에 해당한다.

넷째, 연금을 받으면 건보료에 어떤 영향을 줄까?

연금 중 공적연금은 피부양자 및 지역 건보료에 영향을 미치지만, 사적연금 중 퇴직연금과 연금저축은 영향을 미치지 않는다. 후자의 경우 소득자료가 공단에 통보되지 않고 있기 때문이다(건보료 부과에 적절하지 않음).

구분		피부양자 자격 반영 여부	지역 건보료 소득반영 여부	비고
공적연금		포함됨(종합소득 연 2,000만 원 초과 시 피부양자 제외).	포함	소득 반영률 : 피부양자는 100%, 건보료 산정은 50%
사적 연금	퇴직연금	미포함	동일	공단에 소득자료 미통보로 건보료에 영향을 주지 않음.
	개인연금			
비고 : 일반연금		포함(이자소득으로 포함)	동일	비과세소득은 제외

2. 적용 사례

사례를 통해 위의 내용을 확인해보자. K씨는 다음과 같은 연금자산을 보유하고 있다.

〈자료〉

구분	내역	수령예상액(연)
국민연금	64세부터 수령 예정	1,800만 원
퇴직연금	60세부터 수령 예정	1,200만 원
개인연금(연금저축)	60세부터 수령 예정	1,200만 원
계		4,200만 원

Q1 위의 연금소득에 대한 과세 방법은?

구분	과세 여부	과세 유형	비고
국민연금	과세됨.	종합과세(연금소득)	연금소득공제 적용
퇴직연금	과세됨.	연금소득세 또는 분류 과세 (중도인출 시)	연금 형태 수령 시 퇴직소득세 분할 과세
개인연금 (연금저축)	과세됨.	연금소득세(분리과세) 또는 종합과세	분리과세 선택 시, 3.3~5.5% 세율 적용

02 K씨는 피부양자로 등록할 수 있는가?

피부양자 자격 요건 중 핵심은 다음 2가지다.

- 연간 소득금액이 2,000만 원 이하일 것
- 재산세 과세표준이 5억 4,000만 원 이하일 것 등

먼저 소득 요건을 보자.

구분	수령액	피부양자 판정 기준 포함 여부	포함금액
국민연금	1,800만 원	○ (공적연금 100% 반영)	1,800만 원
퇴직연금	1,200만 원	X (사적연금, IRP도 미포함)	0원
개인연금	1,200만 원	X (사적연금은 미포함)	0원
합계	4,200만 원		1,800만 원

따라서 소득금액 총합이 1,800만 원이고 2,000만 원에 미달하므로 직장가입자가 아니라면 피부양자 등록이 가능하다.

다음으로, 재산 요건을 보자.
자료상에는 이에 대한 정보는 없으므로 판단할 수 없다.

03 K씨의 지역 건보료는 얼마나 예상이 되는가? 단, 재산세 과세표준은 10억 원이다.

이렇게 재산이 많다면 피부양자로 인정되지 않는 한편, 지역에서 건보료가 나오게 된다. 이에 대해서는 건강보험공단의 홈페이지를 통해 모의 계산을 해보기 바란다.

Tip 국민연금 수령액을 늘리는 방법

국민연금 수령액을 늘릴 수 있는 대표적인 방법은 다음과 같다.

방법	내용
1. 가입 기간 연장	납부 기간이 길수록 연금액 증가(최대 40년까지 인정)
2. 임의계속가입 제도 이용*	60세 이후에도 소득이 있다면 65세까지 계속 납입 가능
3. 소득 높은 시기에 납입 유지	평균 소득월액이 연금액에 직접 반영되므로 고소득 시기의 가입 유지가 유리
4. 추후납부 제도(추납)**	과거 납부하지 못한 기간을 소급해 납부 가능 (예 : 군 복무, 실직 등 공백 기간 보완)

* 임의가입은 국민연금 의무가입 대상이 아닌 사람이 본인의 희망에 따라 자발적으로 가입하는 제도이다. 전업주부, 학생, 군인 등 소득이 없거나 의무가입 대상이 아닌 사람들이 주로 해당된다. 가입자격은 만 18세 이상 60세 미만의 내국인이다. 가입 절차 등은 공단에 문의하기 바란다.

** 납부 예외 기간에 해당하는 보험료는 현재 시점에서 낼 수 있는 제도를 말한다. 공단에 문의하면 안내를 받을 수 있다.

참고로 국민연금도 최대 5년 내에서 조기 수령 또는 연기 수령을 할 수 있다.

구분	최대 조기/연기 기간	연간 감액/증액률	최대 감액/증액률
조기 수령	최대 5년(만 60세부터)	6% 감액	30% 감액
연기 수령	최대 5년(만 70세까지)	7% 증액	35% 증액

» 이 책은 주로 세금과 건보료를 다루고 있으므로 위의 내용은 공단 홈페이지 등에서 별도로 확인하기 바란다.

절세 탐구 2 | 주택연금과 세금, 그리고 건보료

앞에서 본 3대 연금을 제대로 준비하지 못한 층들이 분명 존재하고 있는 것이 현실이다. 이러한 상황에서 주택을 소유하고 있다면 주택연금 제도를 활용해봄 직하다(한국주택금융공사에서 운용). 이 제도는 60세 이상 고령층에게 주택을 담보로 안정적인 생활비를 제공하는 것을 목적으로 한다. 다만, 연금은 채무의 성질이므로 향후 상속 등이 발생할 때 이를 정산해야 한다. 다음에서 주택연금과 관련해 반드시 알아야 할 것들을 정리해보자.

1. 가입 조건

① 가입 연령 등 : 부부 중 1명이 55세 이상, 부부 중 1명이 대한민국 국민
② 주택보유 수 : 부부 기준 공시가격 등이 12억 원 이하 주택소유자
  (다주택자라도 합산 가격이 12억 원 이하면 가입 가능, 공시가격 등이 12억 원 초과 2주택자는 3년 이내 1주택 처분 시 가입 가능)
③ 대상 주택 : 주택, 지방자치단체에 신고된 노인복지주택 및 주거용 오피스텔
④ 거주 요건 : 주택연금 가입주택을 가입자 또는 배우자가 실제로 거주지(주민등록 전입)로 이용하고 있어야 함.

≫ 주택이 없는 경우, 농지연금 제도를 이용할 수 있다(한국농어촌공사 문의).

2. 연금 수령액

주택연금 수령액은 주택의 가치, 가입자의 연령, 부양가족 수에 따라 결정된다. 연금액은 매월 일정 금액으로 지급되며, 주요 요소는 아래와 같다.

- 주택 가치 : 집의 가치가 높을수록 받을 수 있는 연금액도 증가한다.
- 가입자의 연령 : 연령이 많을수록 더 많은 연금을 받을 수 있다.
- 지급 주기 : 연금은 매월 지급되며, 주택의 가치가 감소하지 않는 한 평생 지급된다.
- 지급 방식 : 지급금액은 고정액 또는 변동액으로 정해진다. 일부 연금 수령자는 대출 상환 부분이 있는 경우 차감 후 지급되기도 한다.

▶ 예시 : 연령과 주택 가치를 고려한 대략적인 월 지급액

만약 65세 이상이고, 주택 가치가 5억 원이라면, 대략 월 120만 원에서 230만 원 정도의 연금을 받을 수 있다(한국주택금융공사 홈페이지에서 시뮬레이션 가능).

≫ 연령이 많고 주택 가액(시세 기준)이 크면 더 많은 금액을 받을 수 있다.

3. 정산 방식

- 주택연금은 가입자 사망 시나 연금 지급 종료 시에 주택을 처분해서 연금 지급 금액을 상환하게 된다.
- 연금 지급 중에 주택이 매각되거나 처분될 경우, 남은 금액은 상

속인에게 지급되지 않고, 연금 지급금을 정산해서 대출금 상환에 사용된다.
- 상속인에게 지급되는 유산은 주택의 가액에서 연금 지급금액을 차감한 금액이다.

금액 비교	정산 방법
주택처분금액 > 연금 지급총액	남는 부분은 채무자(상속인)에게 돌아감.
주택처분금액 < 연금 지급총액	부족분에 대해 채무자(상속인)에게 별도 청구 없음.

>> 연금은 생존 시까지 지급되고, 가입자가 사망하거나 부부 모두 사망한 후에 한국주택금융공사(HF)가 집을 처분해 대출 원리금을 회수한다. 다만, 자녀가 연금 원리금을 상환한 경우에는 집을 처분하지 않아도 된다.

4. 상속세에 미치는 영향

주택연금 가입자가 사망하면, 유족에게 지급되는 잔액은 상속재산가액에 포함된다.

〈사례〉
K씨는 보유한 재산이 11억 원이다. 상속공제액 예상액은 10억 원이다. 다음 물음에 답해보자.

01 상속세는 얼마나 예상되는가?

11억 원에서 10억 원을 공제한 1억 원에 10%를 곱하면 1,000만 원 정도가 예상된다.

02 K씨의 자녀가 병간호비 등의 항목으로 1억 원을 K씨 통장으로 보내서 이를 사용했다. 해당 금액은 상속채무로 인정되는가?

세법의 태도를 보면 이는 부양의무에 해당하는 것으로 보아 대부분 상속채무로 인정하지 않는다.

03 K씨는 주택연금을 받았는데, 이 금액이 1억 원이라고 하자. 이 경우 상속세는 나오는가?

해당 금액이 상속재산가액에서 차감되므로 상속세가 나오지 않는다.

04 Q3에서 주택연금액을 자녀가 대신 상환하고 해당 주택을 자녀가 상속받았다. 이 경우 상속세는 나오는가?

이는 순 상속재산(재산-채무)을 먼저 받고, 상속받은 채무를 상속인이 상환한 것으로 보기에 상속세는 나오지 않는다.

제 5 장

퇴직금과 세금, 그리고 건강보험료

퇴직금 받기 전에
알아야 할 것들

　퇴직금은 근로기간이 1년 이상인 근로자(임원 포함)가 퇴직 시에 지급받는 급여를 말한다. 퇴직금에는 퇴직위로금, 명예퇴직금 등도 포함된다. 이러한 퇴직금은 은퇴를 앞둔 직장인에게는 매우 중요한 노후자금이 된다. 다음에서는 퇴직금을 둘러싼 다양한 세무상 쟁점을 알아보자. 참고로 퇴직금을 일시금으로 받거나 연금으로 받는 것에 대해서는 건보료가 부과되지 않는다.

1. 퇴직금 받기 전에 알아야 할 것들

첫째, 퇴직금 산정 방식
　법정 퇴직금은 근로자퇴직급여 보장법에 따라 다음과 같이 산정된다.

- 퇴직금=1일 평균임금* × 30일 × 근속연수
  * 평균임금은 퇴직 직전 3개월간의 총임금÷총일수로 계산함. 평균임금은 통상임금과 다르며, 상여금, 수당 등이 포함될 수 있음.

>> 퇴직 전 3개월 평균임금이 500만 원이고 30년 근속했다면 퇴직금은 1.5억 원이다. 1,000만 원이 평균임금이라면 퇴직금은 3억 원이다. 한편 DC형 퇴직연금에 가입한 경우에는 매년 연봉계약에 따라 갱신되는 연봉의 1개월 치를 퇴직금으로 적립하게 된다(적립된 DC 적립금 운용수익은 본인에게 귀속된다).

둘째, 퇴직소득세 계산법

퇴직소득은 1년간의 소득이 아니라 전체 근속기간에 걸쳐 발생한 소득이므로, 종합소득과 다른 방식으로 세금을 계산해야 한다. 구체적인 계산 사례는 바로 뒤에서 살펴본다.

- 퇴직소득금액 = 퇴직급여
- 환산급여 = (퇴직소득금액 − 근속연수공제) × 12배 ÷ 근속연수
- 과세표준 = 환산급여 − 환산급여 퇴직소득공제
- 산출세액 = (과세표준 × 세율) × 근속연수 ÷ 12배

셋째, 퇴직소득세 납부

퇴직금을 퇴직 시에 일시금으로 받으면 앞에서 계산된 퇴직소득세를 한꺼번에 내야 한다.

>> 다만, 이를 일시금으로 받지 않고 연금으로 받으면 퇴직연금을 받을 때마다 나누어 퇴직소득세를 내게 된다. 이때 퇴직소득세는 원래 퇴직소득세의 60~70%(10년 초과 수령 시) 선이 된다.

구분	퇴직금 일시금 수령	퇴직연금 수령
소득분류	퇴직소득	연금소득
세목	퇴직소득세	연금소득세
과세 방법	분류과세	• 퇴직금 원금에 대한 연금 수령분 : 연금소득 무조건 분리과세(퇴직소득세의 60~70% 선)* • 퇴직금 원금에 대한 운용수익 : 연금소득 선택적 분리과세(3~5%)**

* 중도인출 시 감면 전 퇴직소득세를 전액 내야 한다(분류과세로 복귀됨).
** 운용수익 중도해지 시 15%로 무조건 분리과세된다(불이익 차원).

2. 적용 사례

사례를 통해 위의 내용을 확인해보자.

〈자료〉
- 법정 퇴직금 : 1.5억 원
- 명예퇴직금 : 5,000만 원

01 명예퇴직금도 세법상 퇴직소득에 해당하는가?

그렇다. 세법은 퇴직 시에 받는 금전은 모두 퇴직소득으로 분류하고 있다. 참고로 세법은 다음과 같은 소득도 퇴직소득으로 분류하고 있다.

- 공적연금 관련법에 따라 받은 일시금(국민연금, 공무원연금 등)
- 퇴직연금을 중도에 해지해 받은 일시금

≫ 국민연금을 일시금으로 받는 경우, 퇴직소득으로 분류해 퇴직소득세로 납부해야 한다는 점에 유의하자. 참고로 2025년 6월 4일에 등장한 새 정부에서는 원칙적으로 모든 기업에 대해 퇴직금을 일시금이 아닌 퇴직연금으로 받도록 하는 안을 검토하고 있다. 현재는 일시금과 퇴직연금 중 하나를 선택할 수 있는 구조로 되어 있다.

02 법정 퇴직금은 DB형 퇴직연금으로 적립되었다. 그렇다면 이 경우, 퇴직소득세는 어떻게 계산되는가?

법정 퇴직금에 명예퇴직금을 더한 2억 원에 대해 퇴직소득세를 계산해야 한다. 이에 대한 계산법은 다음에서 별도로 살펴보자.

Q3 Q2에서 계산된 퇴직소득세를 나중에 내고 싶다면 어떻게 해야 하는가?

일시금을 개인형 퇴직연금계좌(IRP)*로 60일 이내에 이체해야 한다 (이 장의 절세 탐구 참조).

* 개인형 퇴직연금계좌(IRP : Individual Retirement Pension)는 퇴직금을 포함해 개인이 자율적으로 노후자금을 적립·운용할 수 있는 퇴직연금 계좌이다. 근로자뿐만 아니라 자영업자, 공무원, 심지어 무직자도 가입할 수 있는 개인 주도의 퇴직연금 제도에 해당한다.

Q4 개인형 퇴직연금계좌에 있던 퇴직금을 연금이 아닌 일시금으로 찾으면 퇴직소득세를 바로 내야 하는가?

그렇다. 금융기관에서 퇴직소득세를 원천징수 후 차액을 지급하는 시스템으로 되어 있기 때문이다.

Q5 퇴직소득은 왜 4대 보험료가 부과되지 않는가?

퇴직소득은 근로소득이 아닌 '일시적 성격의 소득'이기 때문이다.

» 퇴직금을 연금으로 받으면 사적연금 소득으로 분류되나, 그 원천이 퇴직금이므로 건보료가 부과되지 않는다.

Tip 회사의 3대 퇴직금 제도

회사는 근로자퇴직급여 보장법에서 정하는 다음의 3가지 방법 중 하나로 퇴직금 제도를 운용해야 한다.

제도	내용	퇴직금 산정과의 관계
① 퇴직금 제도(기본형)	퇴직 시 일시금으로 퇴직금을 지급	기존 산정 공식 적용
② DB형(확정급여형)	회사가 퇴직금을 적립·운용, 퇴직 시 정해진 금액 지급	기존 산정 공식과 같음 (사용자 책임)
③ DC형(확정기여형)	매년 급여의 일정 비율을 근로자 개인계좌에 적립, 수익은 근로자 책임	사용자가 정해진 금액만 부담, 수익은 근로자에게 귀속
비고 : IRP(개인형 퇴직연금)*	퇴직금·DC형 적립금을 근로자가 개인 명의로 운용	퇴직 후 이체 가능, 운용·수령 방식은 근로자가 선택

*평소에는 개인의 노후자금을 마련을 위해 사용할 수 있으며, 퇴직 시 퇴직금을 보관할 수 있는 계좌를 말한다. 다만, 관리를 쉽게 하려면 퇴직금 수령 시 IRP 계좌는 별도로 만들어두는 것이 좋을 것으로 보인다.

앞의 DB형과 DC형 퇴직금 제도를 좀 더 상세히 알아보자.

① DB형(Defined Benefit, 확정급여형)
- 이는 퇴직 시점의 평균임금을 기준으로 회사가 퇴직금을 확정해서 지급하는 방식이다.
- 퇴직금 계산 : 퇴직 직전 3개월 평균임금 × 근속연수 × 1/12
- 회사가 운영 책임을 지며, 근로자는 운용 성과와 무관

② DC형(Defined Contribution, 확정기여형)
- 이는 사용자가 매년 일정 금액을 부담하고, 근로자가 직접 운용해 수익률에 따라 퇴직금이 결정되는 방식이다.
- 사용자 부담금 : 통상 연봉의 1/12씩 적립(예:연봉 1.2억 원이면 매년 1,000만 원)
- 적립 방식 : 개인 퇴직연금 계좌에 매년 적립
- 수령 시점 : 퇴직 시점에 계좌에 쌓인 금액(원금+운용수익)을 일시금 또는 연금으로 수령
- 특징 : 운용 성과에 따라 퇴직금 많아질 수도 적어질 수도 있음(개인에게 성과 귀속).

퇴직소득세 계산법

퇴직금을 일시금으로 받을 것인지, 연금으로 받을 것인지 등을 결정하기에 앞서 퇴직소득세가 얼마나 나오는지를 먼저 알아야 한다. 퇴직소득세 모의 계산은 국세청 홈택스 등을 통해서 할 수 있다.

1. 퇴직소득세 계산 절차

앞에서 살펴본 퇴직소득세 계산 방법을 다시 정리하면 다음과 같다. 참고로 아래 식에서 12로 나눈 이유는 법정 퇴직금은 매년 1개월 이상의 급여를 기준으로 산정되기 때문이다.

- 퇴직소득금액 = 퇴직급여 − 비과세
- 환산급여 = (퇴직소득금액 − 근속연수공제) × 12배 ÷ 근속연수
- 과세표준 = 환산급여 − 환산급여 퇴직소득공제
- 산출세액 = (과세표준 × 세율) × 근속연수 ÷ 12배

이 중 근속연수공제와 환산급여 퇴직소득공제를 정리하면 다음과 같다.

- 근속연수공제

근속연수	공제액
5년 이하	100만 원×근속연수
5년 초과~10년 이하	500만 원+200만 원×(근속연수-5년)
10년 초과~20년 이하	1,500만 원+250만 원×(근속연수-10년)
20년 초과	4,000만 원+300만 원×(근속연수-20년)

- 환산급여 퇴직소득공제

환산급여	차등 공제
800만 원 이하	환산급여의 100%
7,000만 원 이하	800만 원+(800만 원 초과분의 60%)
1억 원 이하	4,520만 원+(7,000만 원 초과분의 55%)
3억 원 이하	6,170만 원+(1억 원 초과분의 45%)
3억 원 초과	1억 5,170만 원+(3억 원 초과분의 35%)

2. 적용 사례

K씨는 재직기간이 20년이고 퇴직 시 받을 퇴직금은 2억 원이다.

01 퇴직소득세는 얼마인가?

이를 계산하기 위해서는 앞에서 본 절차에 따라야 한다.

① 과세표준

- 퇴직소득금액 = 2억 원
- 환산급여 = (퇴직소득금액 − 근속연수공제*) × 12배 ÷ 근속연수
  = (2억 원 − 4,000만 원) × 12배 ÷ 근속연수 = 9,600만 원
- 과세표준 = 환산급여 − 환산급여 퇴직소득공제**
  = 9,600만 원 − 5,950만 원 = 3,650만 원

* 근속연수공제 : 1,500만 원 + 250만 원 × (20년 − 10년) = 4,000만 원
** 환산급여 퇴직소득공제 : 4,520만 원 + (7,000만 원 초과금액의 55%) = 5,950만 원

② 산출세액

- 산출세액 = (과세표준 × 세율) × 근속연수 ÷ 12배
  = 4,215,000원* × 20년 ÷ 12배 = 7,025,000원(지방소득세 10% 별도)

* 3,650만 원 × 15% − 126만 원(누진 공제) = 4,215,000원

02 퇴직소득세를 줄일 방법은 없는가?

퇴직금을 일시금이 아닌, 연금으로 받으면 된다. 세법은 연금으로 받는 경우 앞의 퇴직소득세의 30~40%를 감면한다.

- 30%를 감면하는 경우 : 10년 이하 수령 시
- 40%를 감면하는 경우 : 10년 초과 수령 시

연금 수령 기간	퇴직소득세 감면율(현행)	퇴직소득세 감면율(개정안**)
1~10년	30%	30%
10년 초과*	40%	40%
20년 초과	(40%)	50%

* 퇴직소득세 감면율은 연금 수령 기간에 따라 적용되므로 10년이 되기 전에 매년 1만 원이라도 받는

것을 추천한다(공단에 문의).

** 개정안은 2025년 7월 31일 발표기준에 따른 것이며, 이의 통과 여부는 별도로 확인하기 바란다.

03 퇴직금을 받으면 건보료가 나오는가?

아니다. 이는 분류과세 소득이므로 건보료 산정 시 소득에서 제외된다.

Tip 퇴직소득세를 줄이는 방법

퇴직소득세를 줄이는 방법에는 다음과 같은 것들도 있다.

첫째, 퇴직금 중간정산 최소화
중간정산은 별도로 과세되며, 장기근속 효과가 줄어들 수 있으므로 퇴직소득세 최적화 측면에서는 중간정산을 자제하는 것이 좋다.

》 단, 임금 피크제를 시행한 경우에는 미리 중간정산*을 받는 것이 좋다.
　* 퇴직금 중간정산 사유에는 다음과 같은 것이 있다.
　　• 근로자의 주택 구입
　　• 주거 목적의 전세금 또는 보증금 부담
　　• 근로자와 가족의 질병 및 부상에 따른 요양
　　• 임금 피크제의 시행 등

둘째, 퇴직소득 일부를 개인형 퇴직연금(IRP)으로 이체
퇴직금을 IRP 계좌로 이체하면 퇴직소득세를 즉시 내지 않고, 연금 수령 시 퇴직소득세 감면이 가능하다.

셋째, 이직 시 퇴직금을 일시 받지 않고 이연
이직할 경우 기존 퇴직금을 받지 않고 다음 직장으로 승계하면 퇴직소득으로 과세되지 않아 과세이연 효과가 있다.

임금 피크제와 퇴직금 중간정산

임금 피크제는 일정 연령 이후에 근로자의 임금을 단계적으로 줄이는 대신 정년을 연장하거나 고용을 유지하는 제도를 말한다. 이러한 임금제도를 받아들이는 처지에서 어떤 점에 유의해야 하는지 정리해보자.

1. 임금 피크제가 세금 등에 미치는 영향

첫째, 임금 피크제로 인해 퇴직금이 줄어드는지를 살펴봐야 한다.

퇴직금은 퇴직 전 3개월 평균임금을 기준으로 산정되므로, 어떤 방식으로 정산하느냐에 따라 그 결과가 달라진다.

- 일시금으로 정산하는 경우 → 퇴직 전 3개월 평균임금으로 정산하므로 퇴직금이 줄어든다.
- DB형 퇴직연금으로 정산하는 경우 → 앞의 일시금과 같은 방식으로 정산하므로 퇴직금이 줄어든다.
- DC형 퇴직연금으로 정산하는 경우 → 매년 계약된 금액이 지급

되므로 임금 피크제는 그 기간만 퇴직금 크기에 영향을 미친다.

둘째, 퇴직금이 줄어들 것으로 예상하면 중간정산 등을 한다.
- 퇴직금 중간정산은 퇴직 전에 퇴직금을 받는 것을 말한다.
- DB형 퇴직연금은 DC형 퇴직연금으로 전환(DC에서 DB 전환은 안 됨) 할 수 있다(누적된 퇴직금은 별도 정산).

2. 적용 사례

사례를 통해 위의 내용을 확인해보자. K씨는 다음과 같이 급여를 받고 있다.

〈자료〉
- 세전 급여 : 매월 1,000만 원
- 임금 피크제에 따른 예상 급여 : 매월 700만 원(2년간 적용 예정)

01 DC형 퇴직연금으로 가입하고 있다면, 임금 피크제에 따른 영향은 무엇인가?

급여가 2년간 줄어들면 해당 금액에 맞춰 퇴직금이 지급되므로 2년간은 매년 700만 원 상당액의 DC형 퇴직연금이 적립된다.

02 DB형 퇴직연금으로 가입하고 있다면, 임금 피크제에 따른 영향은 무엇인가?

DB형은 퇴직 전 3개월간 평균임금으로 퇴직금이 정산되므로 이 경우 700만 원에 근속연수를 곱해 정산한다. 따라서 이 경우 퇴직금 축소가 일어날 가능성이 있다. 이에 대부분 직장인은 미리 퇴직금 중간정산을 통해 이 문제를 해결하고 있다.

03 퇴직금을 퇴직 시에 일시금을 받을 때 임금 피크제가 미치는 영향은 무엇인가?

Q2와 같다.

>> 퇴직금을 DB형이나 일시금으로 받을 때 퇴직소득세를 내야 하지만, 이를 연기하고 싶다면 개인형 IRP(Individual Retirement Pension) 계좌로 옮겨두면 퇴직소득세 납부가 연기된다. 다만, 이후 일시금 받으면 그때 퇴직소득세를 전액 내야 하며, 만일 연금으로 받을 때는 감면된 퇴직소득세를 나눠서 내게 된다.

04 퇴직금을 일시에 받은 것보다는 연금식으로 받는 것이 세금이 적다고 하는데, 그 이유는 무엇인가?

일시금을 받으면 퇴직소득세 전액을 바로 납부해야 하나, 연금으로 받으면 감면된 퇴직소득세를 나누어 납부하기 때문이다. 참고로 향후 세법 개정을 통해 현행 30~40%의 감면율이 크게 상향 조정될 가능성도 열려 있다(2025년 세제 개편안에서는 20년 초과 수령분에 대해 50%를 감면한다).

>> 일시금보다는 연금 수령이 세금 측면에서 유리할 가능성이 크다. 좀 더 자세한 내용은 다음을 참조하기 바란다.

퇴직연금 수령 시
세금 처리 방식

　퇴직금을 IRP 계좌로 이전시킨 경우에는 대부분 퇴직연금으로 이를 받는 경우가 보통이다. 퇴직소득세의 30~40%를 감면받을 수 있는 혜택이 있기 때문이다. 그런데 퇴직연금을 선택한 경우라도 중도에 계좌를 해지할 수 있다. 또한, 퇴직금 원금 외의 수익이 발생할 수 있다. 다음에서는 퇴직연금을 둘러싸고 세금 처리는 어떻게 하는지 정리해보자.

1. 퇴직연금 수령과 세금 처리

첫째, 퇴직연금 수령
　이의 본질은 퇴직금이나 매년 나눠 받는다는 뜻에서 세법은 이를 연금소득으로 분류한다. 이때 연금 지급자는 3~5%를 원천징수하는 것이 아니라, 연금을 받을 때마다 퇴직소득세의 30%(10년 초과 40%)를 감면해 원천징수함으로써 무조건 분리과세를 적용한다. 따라서 이 경우에는 종합과세를 선택할 수 없다.

>> 퇴직연금의 원천은 분류과세 소득인 퇴직금으로 이를 분할받더라도 개인연금과 다른 세율로 원천징수한다.

둘째, 중도해지로 퇴직연금 일시금 수령

이 경우에는 퇴직금 일시금을 받은 것으로 보아 퇴직소득세를 분류과세한다(감면은 없다). 분류과세 소득은 종합소득이 아니므로 이 경우에도 종합과세를 선택할 수 없다.

2. 퇴직금 운용소득 수령과 세무 처리

첫째, 퇴직금 운용소득의 연금 수령

퇴직금 운용소득은 퇴직금 원금이 아니므로, 개인연금소득의 과세체계를 따라간다.

- 매년 연금으로 수령 : 3~5% 원천징수(선택적 분리과세)

둘째, 퇴직금 운용소득의 중도해지 수령

- 사망 등의 경우 연금소득으로 보아 3~5%를 징수한다(선택적 분리과세).
- 임의 수령의 경우 기타소득으로 보아 15%를 징수한다(무조건 분리과세).

3. 적용 사례

사례를 통해 위의 내용을 확인해보자.

〈자료〉
- 퇴직연금(원금) : 매년 1,000만 원 수령
- 퇴직연금(운용수익) : 매년 50만 원 수령

01 퇴직연금(원금)을 연금식으로 받으면 세금은 어떻게 과세되는가?

퇴직소득세의 60~70% 선에서 분할 납부된다.

02 퇴직연금을 중도에 해지하면 세금은 어떻게 과세되는가?

퇴직소득세를 계산해 분류과세한다. 이 경우 연금 수령조건을 위배했으므로 퇴직소득세 감면을 불허한다.

03 퇴직연금 운영수익을 정상적으로 받으면 세금을 얼마나 나오는가?

받은 금액의 3~5%로 원천징수한다.

- 70세 미만 : 5%(5.5%)
- 70~79세 : 4%(4.4%)
- 80세 이상 : 3%(3.3%)

04 퇴직연금 운영수익을 중도에 해지하면 과세 방법은?

사망 등 부득이한 사유에 해당하면 3~5%로 선택적 분리과세, 임의로 해지 시는 15%로 무조건 분리과세가 적용된다.

05 퇴직연금은 IRP 계좌에서 인출된다. 그런데 이 계좌에는 다양한 성격의 소득이 포함되어 있다. 어떤 기준으로 인출 순서가 정해지는가?

이 계좌에서 인출할 때는 세제 혜택 여부에 따라 인출 순서가 정해져 있다.

1. 퇴직급여(퇴직금을 IRP로 이체한 금액)
2. 개인 추가납입액 중 세액공제 받지 않은 금액
3. 개인 추가납입액 중 세액공제 받은 금액
4. 운용수익

Tip 퇴직금 원금과 운용소득에 대한 과세 방법 요약

구분	소득 구분	원천징수 세율과 과세 방법
퇴직원금	연금 수령	연금소득 : 이연된 퇴직소득세의 60~70%(분리과세)
	연금 외 수령(일시금)	퇴직소득 : 퇴직소득세(분류과세)
운용소득	연금 수령	연금소득 : 3.3~5.5%(선택적 분리과세*)
	연금 외 수령(일시금)	
	- 사망 등 사유	연금소득 : 3.3~5.5%(선택적 분리과세*)
	- 위 외 사유	기타소득 : 16.5%(무조건 분리과세)

* 매년 연금을 받은 경우에만 선택적 분리과세가 가능하며, 이때 세액공제 등을 받은 연금소득과 퇴직연금 운용소득의 연간 수령액이 1,500만 원 이하는 3~5%와 종합과세, 초과 시는 15%와 종합과세 중 선택할 수 있다. 이를 선택적 분리과세라고 한다. 이외 다른 소득은 무조건 분리과세 등이 적용된다.

절세 탐구 | 퇴직금과 퇴직연금의 과세체계 종합정리

퇴직금과 퇴직연금에 대한 과세체계를 개인형 퇴직연금계좌(IRP)를 포함해 종합적으로 살펴보자.

1. 퇴직금의 형태와 원천징수

① DB형(확정급여형) : 회사가 퇴직급여를 적립하고, 퇴직 시 정해진 방식으로 퇴직금을 회사로부터 지급하는 것을 말한다.
  ≫ 퇴직소득세는 지급 시 원천징수한다.

② DC형(확정기여형) : 회사가 근로자의 퇴직금 상당액을 근로자의 개인 IRP(개인형 퇴직연금)에 납입하는 것을 말한다.
  ≫ 퇴직 당시에는 소득세 과세가 없다.
  ≫ IRP에 있는 상태로 연금으로 받을 때 과세가 발생한다.

③ 일시금(중간정산 포함) : 퇴직금이 IRP로 가지 않고 회사에서 바로 지급되면 퇴직소득세가 즉시 원천징수된다.

2. 퇴직소득세의 연기

DB형이나 일시금으로 받은 퇴직금을 60일 이내에 IRP로 이전하면 퇴직소득세 납부를 연기할 수 있다. 이후 연금으로 받으면 퇴직소득세를 나눠서 내게 된다. 단, DC형은 애초에 IRP에 있으므로 퇴직 시 과세가 발생하지 않는다.

3. 퇴직소득세 분할 과세(연금화 시)

IRP로 들어간 퇴직금(일시금/DB/DC 모두 가능)은 연금으로 수령 시 퇴직소득세의 약 60~70%만 부담한다. 즉, 전체 퇴직소득세를 한 번에 내는 게 아니라, 수령액에 맞춰 나누어 납부하게 된다.

>> 실질적으로 퇴직소득세의 30~40% 절세 효과가 있으며, 이 경우 무조건 분리과세된다(종합과세 아님).

4. IRP 내 운용수익 과세

IRP 내에서 퇴직금이 운용되어 발생한 수익(이자/배당)은 3~5%의 세율로 원천징수된다.

>> 이에 대해서는 선택적 분리과세가 가능하다(대부분 종합과세 대신 분리과세 선택).

5. IRP의 세액공제 납입분에 대한 과세

근로자(사업자도 가능)가 본인 돈으로 납입하면서 연말정산 시 세액공제를 받으면 이 납입금에 해당하는 연금 수령 시에도 3~5% 세율로 분리과세가 적용된다. 즉, 세액공제 받은 돈은 연금 수령 시 과세되며 이때 3~5%의 세율이 적용된다(수령 시기와 연령에 따라 다름).

※ 요약정리

구분	과세 시점	과세 방법	세율	비고
DB/일시금 직접 수령	일시금 수령 시	퇴직소득세	6~45% (연분연승)	한 번에 납부 (분류과세)
DB/일시금 → IRP 60일 내 이전	연금 수령 시	퇴직소득세 분할	퇴직소득세의 60~70%	무조건 분리과세
DC형(IRP)				
IRP 내 운용수익		연금소득세	3~5%	선택적 분리과세
세액공제 납입분				

Tip 퇴직연금의 중도해지 시 과세 방법

1. 퇴직연금(IRP에 있는 퇴직금)의 중도해지 → 퇴직소득세

퇴직금을 IRP에 이전 후 연금으로 받지 않고 중도에 일시금으로 찾으면 연금 수령 요건을 충족하지 못했으므로, 퇴직금은 일시금 수령으로 간주해 퇴직소득세를 그대로 납부해야 한다(분할 과세 혜택 사라짐).

▶▶ 과세 방법 : 퇴직소득세 원천징수, 분류과세

2. IRP 내 운용수익의 중도해지 → 연금소득세 또는 기타소득세

IRP 안에서 발생한 운용수익에 대해서는 해지 사유에 따라 세율과 과세 방법이 달라진다.

구분	해지 사유	세율	과세 방법
부득이한 사유	사망, 장애, 폐업, 6개월 이상 요양 등	3~5%	선택적 분리과세 (연금소득)
임의 해지	연금 요건을 채우지 못하고 중도해지	15%	무조건 분리과세 (기타소득)

3. IRP에 본인이 납입한 세액공제분의 중도해지 → 연금소득세 또는 기타소득세
이 부분도 해지 사유에 따라 다르다.

구분	해지 사유	세율	과세 방법
부득이한 사유	사망, 장애, 요양 등	3~5%	선택적 분리과세(연금소득)
임의 해지	연금 수령 요건 미달로 중도해지	15%	무조건 분리과세(기타소득)

>> 이때 '기타소득세 15%'는 원금이 아니라 수익에 대해 과세한다. 즉, 납부원금은 비과세, 수익 부분에 15% 분리과세한다. 이는 복리 운용된 수익이 생각보다 적을 수 있으나 세액공제 받은 혜택을 회수하는 성격이 짙다.

제 6 장

부동산 또는
금융자산과 세금,
그리고 건강보험료

50대가 자산과 관련해 알아야 할 것들

 50대에게 부동산과 금융자산은 매우 중요하다. 여기서 나온 소득들을 기반으로 노후 생활을 영위해야 하기 때문이다. 그런데 이러한 자산들과 관련해서는 다양한 세무상 쟁점 등이 등장한다. 다음에서 이에 대해 알아보자.

1. 자산과 관련해 알아둬야 할 것들

첫째, 자산의 종류에 대해 알아둔다.
개인의 자산은 크게 부동산과 금융자산으로 구분할 수 있다.

부동산	금융자산
• 주택 • 상가 • 토지 • 오피스텔 • 기타	• 연금 • 보험 • 주식 • 연금 • 기타

> 자산에서 부채를 차감한 금액을 자본, 즉 순자산이라고 한다.

둘째, 자산을 효율적으로 활용할 수 있는 방안을 수립해야 한다.
50대의 경우 소득이 끊기는 시기를 대비해 안정적인 임대수익이나 금융 상품의 이자·배당 등 현금흐름을 만들 수 있도록 대안을 마련해야 한다. 예를 들어, 연금소득 등이 준비가 안 된 상태에서는 주택연금 등의 제도를 이용할 수 있어야 한다. 이외에도 부동산 등을 처분하는 것도 하나의 방법이 된다.

> 부동산의 경우 공실 위험, 금융자산의 경우 금리·시장변동 위험을 고려해 포트폴리오 다각화가 필요하다.

셋째, 자산 거래 시에 발생하는 세금과 건보료 등을 알아둔다.
부동산과 금융자산에 대한 취득부터 상속까지 거래단계별로 발생하는 세금 문제를 알아야 한다. 이외 건보료의 관계에 대해서도 알아둬야 한다.

① 부동산의 경우
- 부동산은 취득세, 종부세, 양도세 등에서 중과세 제도가 작동되므로 주의 깊게 과세 방법을 알아야 한다.
- 특히 부동산을 양도할 때 과세 방법을 정확히 알아야 한다. 세대분리나 세대 합가 시에 다양한 형태의 세무상 쟁점이 발생할 수 있기 때문이다.
- 가족 간에 거래(상속이나 증여 포함) 시 다양하게 발생하는 세무상 쟁점들을 미리 정리할 수 있어야 한다.
- 지역에서 건보료를 낼 때는 부동산의 크기가 상당히 중요하다는 점에도 유의해야 한다.

② 금융자산의 경우
- 금융자산은 취득세와 보유세가 없으므로 수익이 발생할 때 과세 방법에만 유의하면 된다.
- 이자나 배당, 연금소득 등이 발생할 때 과세 방법과 건보료에 대한 부과 방식을 정확히 알아야 한다.
- 가족 간에 자금을 이체할 때 발생할 수 있는 세무상 쟁점들을 정리할 수 있어야 한다. 자칫 증여에 해당할 가능성이 있기 때문이다.

2. 적용 사례

사례를 통해 위의 내용을 알아보자.

01 부동산을 양도하면 과세 방법은 어떻게 되는가?

양도소득은 분류과세 소득에 해당하므로 별도의 계산구조에 따라 과세된다.

- 양도소득 = 양도가액 - 취득가액 - 필요경비
- 과세표준 = 양도소득 - 장기보유특별공제 - 기본공제(250만 원)
- 산출세액 = 과세표준 × 세율(70%, 60%, 6~45%, 중과세율 등 다양함)

》 주택과 농지의 경우에는 비과세와 감면 등이 적용되므로 이러한 부분에 먼저 관심을 둘 필요가 있다.

02 부동산이나 금융자산을 자녀에게 증여하면 어떤 세금이 나오는가?

증여공제를 차감한 금액에 대해 증여세가 발생하며 부동산의 경우 취득세가 추가된다.

03 부동산, 또는 금융자산과 관련된 건보료는 어떤 식으로 나오는가?

- 직장가입자 : 부동산·금융자산 자체는 직장가입자의 건보료 산정에 반영되지 않는다. 금융자산에서 나온 금융소득이 2,000만 원 넘어가면 지역에서 건보료가 추가된다.
- 지역가입자 : 부동산은 건보료 산정에 직접 반영된다. 이외 금융소득이 1,000만 원 넘어가면 이 소득에 대해서도 건보료가 나온다 (부과 기준 : 소득×7.09%+재산×점수 합계).
- 피부양자 : 부동산의 재산세 과세표준이 9억 원을 초과하거나 금융소득이 2,000만 원 넘으면 피부양자 자격이 상실된다.

Tip 자산의 거래와 세금

① 부동산

구분	취득세	보유세	임대소득세	양도세
주택	• 일반과세 • 중과세	• 재산세 • 종부세	• 비과세 • 분리과세 • 종합과세	• 비과세 • 중과세 • 일반과세
상가	일반과세	상동	종합과세	일반과세
토지	상동	상동	상동	상동
오피스텔	주거용 오피스텔은 주택처럼, 업무용 오피스텔은 상가처럼 취급해 세법을 적용함.			

현행 세법은 세목별로 비과세부터 중과세까지 다양한 방식으로 과세 방법을 정하고 있다.

② 금융자산

구분	취득세, 보유세	소득세	양도세
예·적금	없음.	이자소득세	-
연금	상동	연금소득세(일부 이자소득세)	
주식	상동	배당소득세	소액상장 주식은 비과세 (비상장 주식은 과세)
보험	상동	• 저축성보험 : 이자소득세 (10년 유지 시 비과세) • 보장성보험 : 비과세	-
채권	상동	이자소득세	-

부동산과 세금, 그리고 노후 대책

부동산은 자산 가치가 크지만, 현금흐름(유동성)은 부족한 자산에 해당한다. 따라서 50대가 부동산을 가지고 노후 생활비, 의료비, 상속세 등의 재원을 마련할 때 현금 유동성 확보를 어떤 식으로 할 것인지는 매우 중요하다. 다음에서 부동산과 관련해 50대가 반드시 알아야 할 것들을 정리해보자.

1. 부동산과 관련해서 알아야 할 것들

첫째, 생애 설계 관점에서 부동산을 바라봐야 한다.
- 부동산에 편중된 자산 구조는 노후에 리스크가 될 수 있다. 따라서 평소 주식 등 금융자산이나 연금자산으로 포트폴리오를 다변화할 필요가 있다.
- 건보료 부담 예측, 장기 요양 대비도 포함한 실전 노후설계가 필요하다.
- 매년 개정되는 부동산 세제에 관해 관심을 가져야 한다.

▶▶ 직장인과 사업자의 연금구축법은 부록을 통해 알아보기 바란다.

둘째, 부동산 절세 전략을 수행할 수 있어야 한다.
- 취득세 : 취득 전에 취득세율을 확인한다.
- 보유세 : 부동산과 건보료의 관계를 이해하고 보유세를 줄이는 방안을 연구한다.
- 임대소득세 : 세금 정산 방식과 건보료의 관계를 파악하고 이에 대한 해결책을 찾도록 한다.
- 양도세 : 비과세부터 중과세까지 확인하고, 이를 활용하는 방법을 연구한다. 은퇴 전후에 부동산을 매각할 경우, 1세대 1주택 비과세 요건 등을 확인한다.
- 상속세·증여세 : 자녀에게 재산을 물려줄 계획이 있다면, 사전 증여 전략과 상속세 재원 마련을 고려해야 한다.

▶▶ 가족 간의 거래 시에는 다양한 세무상 쟁점이 발생함에 늘 관심을 두도록 하자.

셋째, 유동자금의 노후 활용 전략을 마련한다.
현재의 재정 상태를 진단하고 부동산의 유동화가 필요한 경우에는 처분이나 주택연금 가입 등을 단행한다.

※ **부동산 유동화 전략**

구분	전략 요약
양도세	최대한 비과세를 받되, 과세 시 세 부담을 최소화
유동자금	양도 후 실현자금 확보(예 : 5억 원 실현)
연금 활용	즉시연금, 연금저축 등으로 노후 현금흐름 확보
생활비 마련	금융자산 활용으로 안정적 생활비 지급 가능(주식 등)
비상자금 확보	언제든지 동원할 수 있는 여유자금을 확보

2. 적용 사례

사례를 통해 위의 내용을 확인해보자.

01 K씨는 1세대 1주택 상태에서 경기도(비조정대상지역) 내에서 1주택을 취득하면 취득세율은 몇 %인가?

일반적으로 1~3%가 적용된다.

≫ 고가주택, 다주택 여부, 조정대상지역 여부에 따라 취득세율이 달라진다.

02 L씨가 서울에 공시가격 13억 원짜리 아파트 1채 보유(1주택자)하면 종부세는 나오는가?

1세대 1주택의 경우 공시가격(기준시가) 12억 원 이하는 종부세가 면제되지만, 이를 초과한 부분은 종부세가 과세된다(공정시장가액비율 80%, 세율 0.5~2.7%).

03 P 씨는 20년 전 2억 원에 산 아파트를 2025년에 10억 원에 양도했다(1세대 1주택, 보유 20년, 거주 5년). 이 경우, 양도세는 얼마인가?

1세대 1주택자가 비과세 요건(2년 이상 보유 등)을 갖추면 양도가액 12억 원 이하까지는 양도차익 전액에 대해 비과세가 적용된다.

04 M 씨가 보유한 주택은 시가가 10억 원이고, 공시가격은 5억 원이다. 만약 이 주택을 상속 또는 증여할 때 가격은 얼마로 해야 하는가?

현행 세법은 시가를 기준으로 과세하므로 사례의 경우 10억 원이 재산가액으로 평가될 가능성이 크다(실무에서는 감정평가를 받은 경우가 많음).

05 N 씨는 은퇴자로서 공시가격이 8억 원인 주택 1채를 보유하고 있다. 한편 국민연금을 매년 1,800만 원 정도 받고 있다. 건보료는 어떻게 나오는가? 재산세 공정시장가액비율은 60%라고 하자.

먼저 N 씨는 직장가입자의 피부양자가 될 수 있는지부터 점검해보자.

- 국민연금 : 1,800만 원×100% = 1,800만 원 → 소득 요건 충족
- 재산세 과세표준 : 8억 원×60%(공정시장가액비율) = 4.8억 원
  → 재산 요건 충족

따라서 N 씨는 직장가입자의 피부양자 등록이 가능하다. 이처럼 피부양자 등록이 가능하면 지역에서 건보료를 내지 않아도 된다.

> **Tip 부동산 양도금액 연금계좌 납입 시 양도세 과세특례 신설**
>
> 노후 생활을 지원하기 위해 부동산(주택, 토지, 건물)의 양도금액을 연금계좌에 납입 시 다음과 같은 양도세 과세특례 제도가 신설되었다.
> - (적용 대상) 기초연금 수급자
> - (적용 요건) 아래 요건을 모두 충족
> ① 부동산 양도 당시 1주택 또는 무주택세대
> ② 양도 부동산을 10년 이상 보유
> ③ 부동산 양도금액을 연금계좌에 납입
>   - (과세특례) 해당 부동산양도세액에서 연금계좌납입액(1억 원 한도)의 10%를 세액공제
>   - (사후관리) 연금 수령 외의 방식으로 전부 또는 일부 인출 시 세액공제액 추징
>   - (적용기한) 2027년 12월 31일
>
> ≫ 주택은 이 제도가 실효성이 없을 것으로 보인다. 대부분 1세대 1주택 비과세를 받기 때문이다.

거주용 주택의 활용과 세금

부동산과 금융자산은 노후 생활에 필수적인 재화에 해당한다. 다만, 해당 자산은 언제든지 생활비나 기타 비상자금에 충당할 수 있도록 늘 대비태세를 유지해야 한다. 다음에서는 부동산 중 중요한 위치를 차지하고 있는 거주용 주택의 활용과 세금에 대해 알아보자.

1. 노년기를 대비한 주택의 활용 전략

50대는 본인이 보유한 주택을 노후 대비에 요긴하게 활용할 수 있어야 한다. 이에는 다음과 같은 활용 방법이 있을 수 있다.

- 임대 → 월세소득을 창출할 수 있다. 임대소득세는 2주택 이상자에 대해 2,000만 원 여부에 따라 분리과세나 종합과세가 결정된다(1주택자는 기준시가 12억 원 이하는 무조건 비과세됨).
- 매각 → 양도소득을 창출할 수 있다. 주택 수에 따라 양도세 비과세와 과세 여부가 결정된다.

- 증여 → 배우자는 6억 원까지, 성년 자녀는 5,000만 원까지 증여세가 없다. 다만, 취득세는 3.5~12%까지 나올 수 있으므로 사전에 전문가와의 상담은 필수다.
- 상속 → 상속을 통해 자녀 등에게 이전하는 방법을 말한다. 상속세는 일반적으로 재산가액이 10억 원을 초과할 때 발생한다.
- 연금 → 주택을 담보로 해서 연금을 받는 것을 말한다. 이 경우 소득세와 상속세, 건보료는 부과되지 않는다.

2. 적용 사례

사례를 통해 위의 내용을 확인해보자.

01 K씨는 현재 대전시에서 거주하면서 1주택을 보유하고 있다. 이 주택을 양도하면 비과세를 받을 수 있는가?

비과세를 받기 위해서는 다음과 같은 요건을 모두 충족해야 한다.

> ① 양도일 현재 시점에 ② 1세대가 ③ 1주택을 ④ 2년 이상 보유(⑤ 취득 당시 조정대상지역이면 2년 거주)해야 한다.

- ① 양도일은 잔금청산일과 등기접수일 중 **빠른 날**
- ② 1세대는 부부와 생계를 같이하는 가족(직계존비속 등)
- ③ 1주택은 양도한 날 보유한 주택이 1주택이어야 함을 의미하나, 이사를 할 때 일시적으로 2주택이 있는 경우를 포괄함.
- ④는 취득일과 양도일까지의 기간이 2년 이상이어야 함.
- ⑤는 조정대상지역(집값이 급등한 지역)으로 지정된 상태에서 주택을 취득한 경우에는 2년 이상 거주해야 한다는 것을 의미함.

> 이러한 요건 중 하나라도 위배하면 비과세가 성립하지 않는다.

02 Q1의 K씨가 예전부터 2주택을 보유하고 있다. 이 중 한 채를 양도하면 과세가 되는가?

일반적으로 그렇다. 하지만 세법은 항상 예외적인 사항들이 있다. 예를 들어, 애초 1주택을 보유 중에 부친이 사망해 상속을 받을 수 있다. 이렇게 2주택을 보유하고 있는 경우에는 일반 2주택자와 결을 달리할 필요가 있다. 이에 세법은 애초부터 보유하고 있던 1주택을 먼저 양도하면 언제든지 비과세를 적용해준다.

> 50대들은 주택에 대한 양도세는 비과세를 받도록 노력해야 한다. 단, 이때 주의할 것은 양도세 비과세 여부는 본인이 판단하면 안 된다는 것이다. 이것저것 따질 것들이 많기 때문이다.

03 만일 K씨가 보유한 2주택은 양도세 비과세가 안 된다고 하자. 이 경우 어떤 식으로 해야 비과세를 받을 수 있는가?

먼저 1채를 양도해 세금을 내든지 아니면 세대가 분리된 자녀 등에게 증여한 후에 1주택을 만들어 양도해야 한다.

> 50대들은 주어진 상황에 맞게 대응 방안을 마련할 수 있어야 한다. 참고로 2025년 6월 4일에 태어난 새 정부의 가계부채 관리방안과 세제 정책 등에 대해서는 저자의 카페(네이버 신방수세무아카데미)에서 관련 정보를 제공하고 있으니 참조하기 바란다.

Tip 주택의 양도 시 알아둬야 할 세금

첫째, 1세대 1주택 비과세 요건의 정확한 이해

세법은 1세대가 1주택을 보유한 경우에는 대부분 2년 이상 보유하면 양도세 비과세를 적용한다. 하지만 취득 당시 조정대상지역 내면 2년 거주 요건을 추가한다.

그런데 최근 세법이 자주 변경되어 비과세 받기가 생각보다 어렵게 되었다. 예를 들어 주택분양권도 주택 수에 포함되는 경우가 대표적이다. 1주택과 1주택분양권을 보유하면 2주택자가 되기 때문이다.

>> 50대 이후는 이미 다주택자가 되었거나, 기존 주택처분 타이밍을 놓친 경우가 많아 비과세 요건 적용이 까다로운 경우가 많다. 따라서 사전에 세무사 등의 확인을 받아 양도 등을 실행하는 것이 좋다.

둘째, 주택 수 계산 기준에 따른 중과세 대비

현행 세법은 1세대가 보유한 주택 수가 2주택 이상이면 취득세, 종부세, 양도세에서 무겁게 과세한다. 만일 1세대가 2주택 보유 중에 1주택을 추가로 취득하면 취득세율이 1~3%에서 8~12%로 인상된다. 따라서 주택 수가 많은 50대는 주택 수 변동에 따른 과세 문제를 해결할 수 있어야 한다. 참고로 앞의 주택 수에는 주거용 오피스텔, 조합원입주권, 주택분양권 등이 포함된다. 하지만 관할 지자체와 세무서에 등록한 임대주택, 지방의 저가 주택 등은 주택 수에서 제외된다.

>> 50대 중 2주택 이상 보유자는 부동산의 취득부터 상속까지 다양한 세금 문제가 파생하므로 미리 세금의 크기를 확인한 후 행동을 취하도록 한다. 특히 귀농이나 귀촌의 경우에도 마찬가지다.

세대 분리와 합가 시 주의해야 할 주택 세금

주택 세금은 생각보다 복잡하다. 주택이 거주의 개념보다는 이를 부의 축적 수단으로 보는 경우가 많고, 이에 따라 다양한 방법으로 세법이 개정되어온 탓이 크기 때문이다. 다음에서는 주택 세금을 처리할 때 많은 사람이 헷갈리는 1세대의 개념을 둘러싼 다양한 세무상 쟁점을 해결해보자.

1. 1세대와 세무상 쟁점

첫째, 세법상 1세대에 대한 개념은 세목별로 약간 차이가 있다.

취득세의 경우에는 취득 당시 주민등록표상의 가족(직계존비속 등)을 1세대로 보나, 양도세는 양도 당시의 생계를 같이하는 가족을 동일 세대로 본다. 참고로 취득세나 양도세 모두 30세 이하인 자가 독립한 경우 생계를 같이한 것으로 보나, 직장생활 등을 영위하면 별도 세대로 본다.

※ **세목별 세대개념**

구분	원칙	예외
취득세	주민등록 기준으로 생계를 같이하는 가족(동거 봉양 합가 시는 별도 세대 인정, 아래 사례 참조)	30세 이하인 자는 중위소득 40% 이상의 소득(대략 월 100만 원)이 있는 경우 독립 세대로 인정됨.
양도세	주민등록과 관계없이 실제 생계를 같이하는 가족	

>> 세대를 둘러싼 다양한 세무상 쟁점은 저자의 《부동산 세무 가이드북》 등을 참조하기 바란다.

둘째, 세대구성을 둘러싸고 다양한 쟁점이 발생한다.

세대 개념은 다양한 곳에서 사용되는데 대표적으로 취득세와 양도세가 있다.

- 취득세 : 1세대의 합산 주택 수별로 취득세율을 달리 적용한다. 예를 들어, 1세대가 3주택 보유 상태에서 1주택을 취득하면 최대 12%의 세율을 적용한다(단, 공시가격 1~2억 원 이하는 1~3% 일반세율).
- 양도세 : 1세대 1주택의 경우 2년 이상 보유 등을 하면 양도세를 비과세한다. 하지만 다주택자 상태에서는 비과세를 적용하지 않고 과세를 적용하게 된다.

셋째, 세대 분리나 세대 합가 시에 다양한 쟁점이 발생할 수 있다.

세대 분리나 합가 시 주로 취득세와 양도세에서 다양한 쟁점이 발생할 수 있다. 예를 들어, 세대 분리의 경우 독립 세대의 요건을 충족하지 못해 취득세나 양도세가 과세되는 경우가 있다. 한편 혼인이나 부모 봉양을 위해 합가해 2주택이 된 경우에는 일정 기간(10년) 내에 1채를 양도하면 양도세 비과세를 적용해주기도 한다.

>> 1세대 1주택 양도세 비과세 요건을 피하기 위한 위장 세대 분리는 실질과세 원칙에 따라 부인될 수 있다. 특히 단기간 내 이탈·합가 반복, 생활비 및 주거 독립성 불분명할 경우 1세대로 인정받기가 힘들어질 수 있다.

2. 적용 사례

사례를 통해 위의 내용을 확인해보자. K씨는 1주택을 보유한 부모를 모시기 위해 세대 합가 후 2주택 상태가 되었다.

〈자료〉
- A 주택 : K씨의 주택
- B 주택 : K씨 부모의 주택
- K씨 부모의 연령은 모두 61세다.

Q1 이 상황에서 K씨가 C 주택을 취득하면 취득세 중과세가 적용되는가?

원칙적으로 동거 봉양을 위해 세대를 합가한 경우에는 각각 독립 세대로 인정해준다. 다만, 이때 취득세에서는 부모 중 한 명의 연령이 65세 이상이 넘어야 한다. 따라서 이 경우 3주택이 되어 중과세가 적용될 수 있다.

>> 만일 부모 중 한 명이 65세를 넘었다면 K씨는 2주택자가 되며, 신규주택이 비조정 지역에 해당하면 1~3%, 조정대상지역(2025년 7월 현재 서울 강남·서초·송파·용산구 등 4곳이 지정됨. 2025년 하반기 이후에 이 지역이 더 늘어날 수 있음)에 해당하면 3년 이내에 종전 주택을 처분하면 역시 1~3%의 세율이 적용된다.

02 C 주택을 취득한 날로부터 3년(2025년 중에 1~2년 등으로 단축될 수 있음) 이내에 A 주택이나 B 주택을 양도하면 양도세 비과세가 적용되는가?

이 경우 세대 합가 후 2주택에 대해서는 동거 봉양 합가에 따른 비과세 특례와 일시적 2주택 비과세 특례가 동시에 적용될 수 있는지를 묻고 있다. 이 경우, 다음과 같이 비과세를 받을 수 있다.

① 일시적 2주택 비과세 특례 : C 주택 취득일로부터 3년 이내에 A 나 B 주택을 처분하면 일시적 2주택 비과세를 받을 수 있다.
② 동거 봉양 주택 비과세 특례 : 이후 A와 B 주택 중 남은 주택을 합가일로부터 10년 이내에 양도하면 비과세를 받을 수 있다.

03 만일 1주택 보유자인 자녀가 혼인하는 경우에 자녀의 배우자 보유주택 수에 따른 과세 방법은 어떻게 되는가?

- 배우자가 무주택자인 경우 : 취득일로부터 2년 보유 시 비과세 가능
- 배우자가 1주택자인 경우 : 혼인한 날로부터 10년 내 양도 시 비과세 가능
- 배우자가 2주택자 이상인 경우 : 원칙적으로 비과세 불가(세무 전문가의 확인을 요함)

Tip 혼인·동거 봉양에 따른 일시적 2주택 양도세 비과세

구분	혼인 합가	동거 봉양 합가
비과세 적용 요건	1세대가 1주택씩 보유 중 합가	동일
합가에 따른 비과세 특례기한	합가일로부터 10년 내 처분	동일
기타	위 요건 외에도 비과세가 다양하게 적용될 수 있으므로 반드시 세무 전문가를 통해 확인할 것	

토지(농지)와 세금, 그리고 건보료

50대 이후에 부모의 농지 등을 물려받을 가능성이 크다. 이러한 관점에서 이에 대한 세금 문제를 미리 파악할 필요가 있다. 다음에서 이에 대해 알아보자.

1. 토지와 관련해 알아둬야 할 것들

첫째, 토지에 대한 거래 전반에 따른 세금 문제를 알아야 한다.
토지의 취득부터 상속까지 다양한 세무상 쟁점이 발생할 수 있다.

- 취득세 → 토지 취득세는 4%를 기본으로 하나 농민이 취득한 경우에는 감면이 되기도 하므로 취득 전에 관련 세금을 확인하기 바란다.
- 보유세 → 보유 중에는 소정의 재산세가 부과된다.
- 양도세 → 양도 시에는 토지의 성격에 따라 일반과세, 중과세, 감면 등이 적용된다. 특히 8년 자경한 농지는 양도세가 100%(한도

1~2억 원 등) 감면이 되므로 이를 확인할 수 있어야 한다. 이러한 감면을 받지 못하면 양도세가 중과세(기본세율 6~45%에 10%P를 더하는 제도)가 적용될 수 있으므로 이에 유의해야 한다.

둘째, 농지양도의 경우 양도세 감면을 받을 수 있는지 점검해야 한다.
부모님이 8년 이상 재촌·자경한 농지를 양도하면 대부분 100% 양도세 감면을 받을 수 있다. 하지만 도시지역 내의 농지는 일반 대지로 보아 감면이 적용되지 않을 수 있으므로 미리 확인해야 한다.

셋째, 8년 자경한 농지는 증여 대신 상속을 받도록 한다.
평생 농사를 지어온 부모님의 농지를 상속 대신 증여를 받는 경우가 있다. 이렇게 되면 증여세와 취득세를 내는 한편 향후 이를 양도 시에는 양도세 감면을 받을 수 없게 된다. 그 이유는 상속을 선택하게 되면 8년 자경 기간을 자녀가 승계받을 수 있기 때문이다.

※ **농지의 증여와 상속 비교**

구분	증여	상속
증여/상속 시 세금	증여세, 취득세	상속세, 취득세
증여/상속 시 자경 기간 승계	승계 불가	승계
증여/상속 후 양도세 감면	증여 후 8년 이상 재촌·자경 시 양도세 감면 가능	• 상속 후 3년 내 양도 시 : 자경 기간 승계로 감면이 가능 • 상속 후 3년 후 양도 시 : 상속인이 1년 이상 재촌·자경 시 피상속인의 자경 기간을 승계받을 수 있음.

2. 적용 사례

사례를 통해 위의 내용을 확인해보자. K씨는 다음과 같이 농지를 보유하고 있다.

〈자료〉
- 부친의 재촌·자경 기간 : 20년
- 농지 소재 지역 : 도시지역 밖
- 상속일 : 2020년 1월 5일
- 상속세 신고가액 : 1억 원
- 현재 시세 : 5억 원

01 이 농지를 2025년 이후에 양도하면 양도세 감면을 받을 수 있는가? 단, 상속을 받은 K씨는 자경한 적이 없다.

이 경우, 감면은 불가하다. 상속받은 지 3년이 경과한 경우에는 상속인이 자경 요건을 별도로 갖춰야 하기 때문이다.

02 K씨가 농사를 짓지 않으면 해당 토지는 비사업용 토지에 해당하는가?

피상속인이 8년 이상 재촌·자경한 농지를 상속받으면 해당 토지는 사업용 토지로 봐주는 것이 원칙이다.

03 K씨가 해당 농지를 배우자한테 5억 원에 증여한 다음에 향후 5억 원에 양도하면 양도세를 없앨 수 있는가?

아니다. 증여받은 배우자가 양도하는 경우, 세법은 '양도차익 계산 시 원래 취득가액(=1억 원)'을 사용하기 때문이다. 즉, 시가 5억 원에 증여받고 바로(증여받은 후 10년 이내) 5억 원에 팔더라도 양도차익 4억 원에 과세한다. 2022년 이전 증여분은 5년을 기준으로 한다.

구분	내용
증여일 취득가액	배우자가 증여받은 시점의 시가=5억 원
세법상 계산 기준	원칙적으로 원래 취득가액(상속가액)을 기준으로 양도차익 계산
양도차익	5억 원-1억 원=4억 원(그대로 과세)
근거	소득세법 §97②(증여 후 양도 시 취득가액은 이전자의 취득가액 적용)

단기적인 '증여 후 양도' 전략은 실익이 없고 오히려 증여세만 낭비하는 결과가 된다.

> **Tip 사업용 토지와 비사업용 토지의 구분**
>
> 토지는 사업용 토지와 비사업용 토지의 구분이 중요하다. 후자에 해당하면 중과세율이 6~45%+10%P로 적용되기 때문이다. 따라서 비사업용 토지에 해당하면 사업용 토지로 전환하는 것을 검토해볼 수 있다. 만일 사업용 토지로의 전환이 힘든 경우에는 가족이나 법인 등에 이전한 후 이를 양도하는 방안도 생각해볼 수 있으나 이때 시가의 적정성 문제, 이전 후 10년 이내에 양도 시 취득가액을 증여자의 것으로 하는 이월과세, 소득세법상의 부당행위계산 등의 제도가 적용될 수 있으므로 실행 전에 제반 세무상 쟁점 등을 검토해야 한다.

예·적금과 세금, 그리고 건보료

"50대 이후는 돈을 버는 것보다, 잘 지키는 게 더 중요하다."

50대에 접어들면 자산의 방향이 바뀐다. 과거에는 수입을 늘리고 자산을 불리는 데 집중했다면, 이제는 안정적인 현금흐름 확보와 세금·건보료 부담 최소화가 핵심 전략이 된다. 많은 이들이 '예·적금은 안전하다'라고 생각하지만, 금융소득 과세, 건보료 산정 등 알고 보면 절대 단순하지 않은 세무 이슈들이 숨어 있다. 특히 예금이 많다고 무조건 좋은 것이 아니라, 세후 수익률, 건보료 영향, 노후 소득 분산 전략까지 세심하게 따져야 진짜 안전한 자산이 된다. 다음에서는 예·적금과 관련되어 알아야 할 것들을 정리해보자.

1. 예·적금에 대한 세금과 건보료 쟁점

첫째, 이자소득이 발생한 경우

예금 등을 보유하는 중에 이자소득이 발생하면 소득세와 건보료의 문제가 발생한다.

- 소득세 → 금융소득이 2,000만 원 초과 시 금융소득 종합과세가 적용된다.
- 건보료 → 금융소득이 2,000만 원 초과 시 피부양자 자격이 박탈되며, 지역에서 건보료가 발생한다. 참고로 다른 소득이 있는 경우 금융소득 1,000만 원 이하는 없는 것으로 본다. 이에 대한 자세한 내용은 3장에서 살펴보았다.

>> 금융소득이 과도하게 발생한 경우에는 증여 등을 통한 계좌 분산, 법인 활용 등의 관리가 필요하다.

둘째, 계좌이체 또는 인출한 경우

- 예금 등을 자녀 등의 계좌로 이체한 경우 증여 목적의 유무에 따라 증여세 과세 문제가 있다. 이때 입금 시점에 타인이 증여받은 사실이 확인되지 않는 경우, 혹은 단순히 예금계좌로 예치되는 경우에는 타인이 당해 금전을 인출해서 사용한 날에 증여한 것으로 본다(상증법 집행기준 31-23-2).
- 세법은 타인의 계좌에 입금된 돈은 증여로 받은 것으로 추정하므로 증여가 아닌 경우에는 이를 입증할 서류(차용증 등)를 미리 작성해두는 것이 좋다.

>> 증여와 차입의 구분, 차용증 작성법 등은 뒤에서 살펴본다.

셋째, 타인의 돈을 보관하고 있는 경우

타인의 돈을 보관하고 있는 경우에는 증여에 해당할 수도 있고, 해당하지 않을 수도 있다. 이에 대해 세법은 계좌 등에 입금된 금액은 증여받은 것으로 추정하고 있으므로, 이에 대한 반대 증거를 대서 증여가 아님을 납세자가 입증해야 한다. 예를 들면, 다음과 같은 것들이 있다.

- 확인서 작성(해당 내용은 증여가 아닌 내용을 기록해서 서명날인)
- 차용증 작성(돈을 입금받아 사용한 경우에 이를 작성해서 서명날인)
- 기타

2. 적용 사례

사례를 통해 위의 내용을 확인해보자. K씨에게 다음과 같은 거래가 있었다.

〈자료〉
- A : 은행으로부터 예금이자 500만 원을 받았다.
- B : 자녀에게 5,000만 원을 계좌로 이체했다.
- C : 자녀한테 1억 원을 대여했다.
- D : 부친의 자금 5억 원을 보관하고 있다.

01 A 이자를 받을 때 떼인 세금은 얼마나 되는가?

총 15.4%의 이자소득세 원천징수된다.

- 예금이자 500만 원×15.4%=77만 원 원천징수

02 B 자녀에게 이체된 5,000만 원을 증여에 해당하는가?

자녀에게 5,000만 원을 이체한 경우 증여가 아님을 입증하지 못하면 증여세 과세 대상에 해당한다. 다만, 자녀 1인당 10년간 5,000만 원까

지는 증여공제가 가능하므로 증여세 납부금액은 없을 수 있다.

※ **판단 기준**

구분	내용
증여 여부	대가 없이 무상 이전한 경우 → 증여
공제 한도	5,000만 원(성인 자녀)/10년 단위 공제
신고필요	5,000만 원까지는 공제되므로 세액 없음. → 증여세 신고만 권장(자금 출처 추적 대비)

≫ 사례의 경우 증여세는 없지만 추후 자녀 자금 출처 조사 대비를 위해 증여세 신고를 하는 것이 안전하다.

03 **자녀에게 대여한 1억 원이 차입금으로 인정되려면 어떤 조치가 필요한가?**

금전소비대차계약서(차용증) 작성 및 이자 수취가 필요하다. 샘플은 저자의 카페에서 확인할 수 있다.

신방수 세무사의 네이버 카페
https://cafe.naver.com/shintaxpia

≫ 이자는 0~4.6% 사이에서 결정하나, 원금 2억 원 이하는 무이자로 해도 세법상 쟁점이 크지 않다.

04 **부친의 자금을 보관하고 있는 경우, 증여에 해당하는가?**

원칙적으로 증여가 아니다. 부친 명의 자금을 단순히 보관하는 것은 증여가 아니기 때문이다. 그러나 계좌 명의가 K씨로 되어 있거나 사용

흔적이 있으면 국세청에서 증여로 추정할 수 있다.

※ 계좌관리 시 주의할 점

항목	내용
명의	실제 소유자(부친) 명의로 관리되어야 함.
사용 여부	K씨가 사용하거나 이자 수취 시 → 증여로 의심 가능성
증명 책임	국세청이 '증여 추정'에 따라 K씨 자금으로 간주할 수 있음.→ K씨가 부친 자금임을 입증해야 함.

05 예금이 피부양자와 지역 건보료에 미치는 영향은?

금융자산 자체는 영향을 주지 않는다. 다만, 이자 등 금융소득이 발생하면 이는 다음과 같이 영향을 준다.

- 피부양자 : 금융소득 연 2,000만 원 초과 시 지역가입자로 전환된다. 다만, 금융소득이 2,000만 원 이하더라도 재산세 과세표준이 9억 원 초과하면 지역가입자가 된다.
- 지역 건보료 : 피부양자로 인정되지 않으면 소득과 부동산에 대해 건보료가 발생할 수 있다.

> **Tip 예금을 활용한 노후 대책**
>
> **1. 목적별 분산 예치**
> - 단기 생활비 : 자유 입출금 통장
> - 중기 필요자금 : 정기예금(1~3년)
> - 장기 노후자금 : 정기예금(5년 이상), 복리 상품, ETF*, 주식 등
>
> * ETF(Exchange Traded Fund)는 주식처럼 거래할 수 있는 펀드 상품을 말한다. 코스피, 코스닥, 특정 산업, 해외지수, 원자재 등 다양한 자산을 추종하는 상품을 주식처럼 증권거래소에 상장해 매매할 수 있게 만든 투자 상품이다. 증권회사 등에 문의하기 바란다.

2. 월 이자 수령형 예금 활용

- 정기예금의 이자 월 지급형 선택

  예 : 2억 원×3.5%÷12 = 월 약 58만 원 이자 수령

  → 연금처럼 매달 생활비 확보 가능

3. 기타 단점 보완 전략

- 인플레이션 대응 : 일부 자산은 적립식 펀드나 물가 연동 자산 활용
- 세금 절감 : 비과세 예금 또는 세금 우대 상품 활용(ISA 계좌* 등)

  * 예금, 펀드, 주식, 파생결합 상품 등을 한 계좌에서 통합 운용할 수 있는 비과세·세금 우대 종합계좌로, 비과세와 세금 우대, 분리과세를 받을 수 있는 상품이다. 연간 2,000만 원(5년간 1억 원)까지 납입할 수 있다.

- 건보료 관리 : 금융소득종합과세 기준(2,000만 원 이하) 유지

저축성·보장성보험과 세금, 그리고 건보료

보험 한두 개가 없는 가정이 없다. 하지만 보험이 어떤 효익을 주는지 이를 정확히 아는 경우가 드물다. 다음에서 가입하고 있는 보험 상품과 관련해 알아둬야 할 것들을 정리해보자.

1. 보험과 관련해 알아야 할 것들

첫째, 보험의 성격을 제대로 이해해야 한다.

① 보장성보험

이는 사고, 질병, 사망 등 위험 발생 시 보장하는 보험(예: 생명보험, 실손보험)을 말한다. 주로 위험 대비 목적이며, 해약 환급금이 적거나 없는 경우가 대부분이다.

② 저축성보험

일정 기간 보험료를 납입하고 만기 시 원금과 이자를 받는 상품(예:

연금보험, 저축보험)을 말한다. 투자·저축 기능이 있어 목돈 마련과 노후 대비에 적합하다.

>> 저축성보험은 세액공제가 적용되지 않는 보험으로, 세액공제가 적용되는 연금저축보험과는 결이 다르다.

둘째, 보험 상품 관련 세금 관계를 파악한다.

사망보험금 등은 소득세 과세는 되지 않지만, 만기환급금이나 해약환급금 등은 이자소득세로 과세의 가능성이 있다. 참고로 보험금을 받을 때 계약자와 수익자가 일치하지 않으면 상속세나 증여세 과세의 가능성도 있다.

셋째, 보험금 수령 시 건보료 부과 관계를 파악한다.

저축성보험의 차익은 세법상 이자소득으로 지역 건보료 부과 대상이 될 수 있다.

구분	세법상 소득	건보료
저축성보험	이자소득	금융소득으로 보아 부과 대상 원칙 (단, 비과세는 제외)
보장성보험	소득 아님.	건보료와 관련 없음.

2. 적용 사례

사례를 통해 위의 내용을 확인해보자. K씨는 다음과 같이 보험에 가입하고 있다.

〈자료〉

구분	보험 성격	보장 내용	비고
A 보험	저축성보험	만기 시 이자 지급	이자소득 비과세
B 보험	보장성보험	의료실비 보장	
C 보험	보장성보험	사망보험금 지급	

01 A 보험은 저축성보험으로 이자소득 비과세가 적용된다. 어떤 경우에 보험의 이자소득이 비과세되는가? 그리고 건보료는 부과되는가?

저축성보험의 이자소득 비과세 요건은 소득세법 시행령 제16조에 규정되어 있다.

- 보험계약기간이 10년 이상일 것
- 보험료 납입 방법이 월납 등 분할 납입일 것

≫ 만약 A 보험이 10년 이상 유지된 월납 보험이라면, 이자소득에 대해 비과세가 적용된다. 이러한 비과세 소득에 대해서는 건보료가 부과되지 않는다.

02 B 보험은 의료실비를 보장하는 보장성보험이다. 이 보험을 통해 의료비를 실비로 받으면 소득세가 과세되는가? 그리고 건보료는 부과되는가?

의료실비보험은 통상 손해보험의 성격이며, 실제 지출한 의료비를 보전해주는 성격의 보험이다. 의료비를 실비로 보전해주는 보험금은 원칙적으로 소득세가 과세되지 않는다. 따라서 건보료에도 영향을 주지 않는다.

🔴**03** C 보험은 사망보험금을 지급하는 보장성보험이다. 보험계약자와 피보험자는 부친이며 보험 수익자는 상속인이다. 이 경우, 피보험자가 사망하면 해당 보험은 상속재산에 포함되는가?

보험계약자가 사망하면서 피보험자도 동일인이고 수익자가 상속인일 경우, 사망보험금은 상속재산으로 간주된다.

>> 보험세금과 관련된 세무상 쟁점은 저자의 《확 바뀐 보험 절세 가이드북》을 참조하기 바란다.

Tip 보장성보험과 저축성보험의 비교

구분	보장성보험	저축성보험
목적	위험 보장(사망, 질병, 사고 등)	자산 형성(저축, 은퇴자금, 목돈 마련)
대표 상품	정기보험, 종신보험, 실손보험, 건강보험 등	연금보험, 교육보험, 저축보험, 변액저축보험 등
환급 여부	보통 납입보험료 < 보장금액 (환급 적거나 없음)	일정 기간 후 원금 또는 이자 포함 환급 가능
납입금 성격	보험료 대부분이 위험 보장에 사용	보험료 상당 부분이 적립금으로 저축됨.
세제 혜택	보장성 보험료 일부 세액공제 (연 100만 원 한도)	조건 충족 시 비과세 혜택 (10년 이상, 월납 등)
해지 환급금	일부 또는 없음 (해지 시 손해 가능성 큼).	해지 시 적립금 일부 또는 전액 환급 가능
보험기간	보통 짧음 또는 보장성 위주로 설계	장기 유지 목적(10년 이상 권장)
가입 목적	유사시 대비 목적 (사고·질병·사망 보장)	장기 저축, 노후 준비, 자녀 교육자금 등

>> 내 보험 찾기 서비스 등에 대한 정보는 금융감독원 금융소비자정보포털 '파인(FINE)'을 활용하자.

주식과 세금, 그리고 건보료

현대 사회에서 노후 준비는 선택이 아닌, 필수 과제가 되었다. 특히, 50대에 접어들면서 안정적인 노후 생활을 위해 자산관리를 어떻게 해야 할지 고민하는 이들이 많다. 그중에서도 주식 투자는 높은 수익 가능성 때문에 많은 관심을 받고 있지만, 동시에 변동성과 세금 문제 등 여러 고려사항도 존재한다. 다음에서는 주식이 노후 대책에 어떤 역할을 할 수 있는지, 관련 세금과 건보료는 어떻게 적용되는지 등을 알아보자.

1. 50대가 주식과 관련해 알아둬야 할 것들

첫째, 주식과 노후 대책의 관계
- 주식은 노후 자산 형성에 중요한 역할을 한다. 장기 투자로 복리 효과를 기대할 수 있다.
- 변동성이 크기 때문에 분산 투자와 위험 관리가 필수다.
- 배당주 투자로 안정적 현금 흐름의 확보가 가능하다(뒤의 Tip 참조).

둘째, 세금의 관계

- 양도세 : 상장 주식은 대개 비과세(개인 기준, 일정 조건 시), 해외 주식과 비상장 주식은 과세(20% 이상)된다.
- 배당소득세 : 배당소득에 대해 15.4%(지방소득세 포함) 원천징수, 금융소득 종합과세가 적용된다(고배당 배당소득 분리과세는 108페이지 참조).

셋째, 건보료의 관계

- 금융소득이 2,000만 원 초과 시 피부양자 자격 상실, 지역가입자로 전환될 수 있다.

2. 적용 사례

사례를 통해 위의 내용을 확인해보자.

〈자료〉
- 국내 보유 주식(상장) : 1억 원
- 국내 보유 주식(비상장) : 1억 원
- 해외 보유 주식 : 1억 원

01 국내 상장 주식을 양도하면 양도세가 과세되는가?

국내 상장 주식 양도차익은 대주주[예:상장 주식의 경우 1% 또는 시가총액 50억 원(향후 변동 가능) 이상]에 해당하지 않는 한 개인은 과세 대상이 아니다.

02 국내 비상장 주식을 양도하면 양도세가 과세되는가?

과세된다. 비상장 주식은 대주주 여부와 관계없이 양도차익에 대해 양도세가 과세된다.

- 양도차익 = 양도가액 - 취득가액 - 필요경비
- 양도차익이 크면 세율도 최대 20~25%(지방소득세 별도) 적용 가능

03 해외 보유 주식을 양도하면 양도세가 과세되는가?

과세된다. 해외 주식 양도차익에 대해서는 무조건 과세한다(세율은 20%, 지방소득세 포함 시 22%). 참고로 외국에서 납부한 세금은 국내에서 신고 시 외국 납부 세액공제로 일부 공제받을 수 있다.

04 국내 상장 주식에 대해 1주당 1,800원을 배당받았다. 주가가 7만 원이라면 배당금은 얼마나 되는가?

▶ 계산
- 보유금액 1억 원 ÷ 주가 70,000원 = 약 1,428주 보유
- 주당 배당금 1,800원 × 1,428주 = 2,570,400원 배당금 수령

05 Q4에 따라 받은 배당금에 대한 세금과 건보료는?

① 세금
- 배당소득세 15.4% 원천징수(소득세 14%, 지방소득세 1.4%)
- 세금 = 2,570,400원 × 15.4% = 약 395,600원
- 실수령 배당금 = 2,570,400원 - 395,600원 = 약 2,174,800원

② 건보료

배당소득은 금융소득으로 분류된다. 따라서 금융소득이 연간 2,000만 원 초과 시 피부양자 자격 상실 가능성이 있다.

> 1억 원 투자로 발생한 배당금 약 2,570,400원은 2,000만 원 이하이므로, 이 사례만으로는 건보 피부양자 자격에 큰 영향은 없다. 다만 다른 금융소득과 합산해 총 금융소득이 2,000만 원을 넘으면 지역가입자로 전환되어 건보료 부담 증가가 가능하다.

Tip 노후와 배당주 투자

배당주는 기업이 벌어들인 이익 중 일부를 주주들에게 현금(배당금)으로 지급하는 주식을 말한다. 주가 상승에 따른 차익 외에도 안정적인 현금 흐름을 기대할 수 있어, 특히 노후 대비 투자로 인기가 많다.

※ 배당주의 특징
- 정기적으로 배당금을 지급
- 상대적으로 안정적이고 수익이 꾸준한 기업이 많음.
- 주가 변동성이 비교적 낮음.
- 장기 보유 시 복리 효과와 함께 안정적 현금 수입 기대 가능

> 한국에서는 대체로 전통적인 대기업과 공기업 계열이 배당을 꾸준히 하는 편이다.

업종	대표 배당주 종목(예시)	특징
금융	KB금융, 신한지주, 하나금융지주	은행, 금융지주사로 안정적 배당
에너지·화학	SK이노베이션, S-Oil	정유, 에너지 관련 기업
통신	KT, SK텔레콤	안정적 현금 흐름 바탕 배당
제조	LG전자, 삼성전자	대형 제조업체, 성장과 배당 동시 추구
유틸리티	한국전력, 서울가스	공기업 계열, 안정적 배당

제 7 장

50대부터 알아야 할 상속·증여 지식

50대가 알아야 할 상속과 증여

50대에 들어서면 반드시 알아야 할 세금이 바로 상속과 증여에 관한 것이 아닐까 싶다. 부모의 사망과 자녀의 독립이라는 2가지 변수가 동시에 발생하기 때문이다. 물론 이 2가지 사건에는 상속세와 증여세라는 세금이 발생할 가능성이 있다. 이번 장에서는 이러한 주제에 대해 여러모로 알아보자.

1. 50대가 알아야 할 상속과 증여

첫째, 상속과 증여의 개념이다.

상속은 사람이 사망함에 따라 그 사람의 재산이 법률에 따라 일정한 자에게 이전되는 것을 말한다. 이에는 사인 증여나 유증(유언에 의한 증여)을 포함한다. 한편 증여는 살아 있는 사람이 자신의 재산을 무상으로 다른 사람에게 이전하는 것을 말한다. 증여는 증여자의 자발적인 의사와 수증자의 수락으로 이루어지며, 쌍방의 의사표시가 일치해야 성립하는 계약이다.

>> 상속이 사망이라는 사실에 의해 법적으로 발생하는 것이라면, 증여는 생전의 의사표시에 따른 자발적 행위라는 점에서 차이가 있다.

둘째, 상속세와 증여세의 면세점이다.

상속세는 기본재산이 일반적으로 증여공제(10억 원 등 다양)를 초과할 때 발생한다. 이에 반해 증여세는 10년간 증여공제(6억 원, 5,000만 원 등)의 합계액을 초과할 때 발생한다.

※ 상속세와 증여세가 나오지 않는 경우

구분	상속세	증여세
면세점	• 배우자 생존 시 : 10억 원 이하 • 배우자 부존 시 : 5억 원 이하	• 배우자 간 증여 시 : 6억 원 이하 • 직계존비속 간 증여 시 : 5,000만 원 이하 등
비고	10년(5년) 증여한 금액 포함	10년 이내에 증여한 금액 포함

>> 재산이 별로 없는 상황에서 상속세를 줄인다고 미리 증여하게 되면 애꿎은 증여세와 취득세 등을 날릴 가능성이 크다.

셋째, 상속과 증여에 대한 절차 및 신고 여부다.

- 상속의 경우, 피상속인이 사망하면 상속이 개시되며, 상속인은 상속개시일이 속하는 달의 말일로부터 6개월 이내(해외 거주자는 9개월 이내)에 상속세 신고 및 납부를 해야 한다. 이때 재산의 목록을 파악하고, 상속재산 평가, 공제 항목 적용 등을 거쳐 과세표준을 산출한 뒤 세액을 계산하게 된다. 상속재산에 부동산이나 금융자산이 포함되어 있다면, 관련 기관에 명의변경 또는 상속등기를 진행해야 하며, 이 과정에서도 상속인 간 협의가 필요한 경우가 많다.
- 증여의 경우, 증여를 받은 자(수증자)는 증여받은 날이 속하는 달의 말일로부터 3개월 이내에 증여세를 신고하고 납부해야 한다. 증

여 재산의 종류에 따라 별도의 평가 방법이 적용되며, 동일인으로부터 10년 이내에 받은 증여 재산은 합산해 과세된다. 증여도 부동산이나 금융자산을 이전하는 경우가 많아서 사전 증여계약서 작성, 등기 이전, 금융기관 신고 등의 절차를 수반하게 된다.

» 상속세나 증여세는 자진신고를 원칙으로 하며, 기한 내 신고하지 않거나 과소신고할 경우 가산세 등의 불이익이 발생할 수 있으므로, 법정 기한을 정확히 인지하고 준비하는 것이 중요하다. 물론 면세점 이하의 상속이나 증여에 대해서는 신고하지 않아도 가산세 등의 제재는 없다. 다만, 향후 취득가액을 올려 양도세를 줄이고 싶거나 자금 출처원을 확보하거나 재산분쟁 등을 예방하기 위해서 신고를 해두는 것이 좋을 것으로 보인다.

2. 적용 사례

사례를 통해 위의 내용을 확인해보자. K씨는 다음과 같이 재산을 보유하고 있다.

〈자료〉
- 주택 등 재산가액 : 20억 원
- 배우자 생존하고 있음.
- 상속공제액 : 10억 원 가정
- 상속세율 : 10~50%

01 K씨가 보유한 재산에 대해서 상속세는 얼마나 예상되는가?

상속세는 다음과 같다.

과세표준 구간	세율	누진 공제	계산세액
10억 원	30%	6,000만 원	4억 원 - 6,000만 원 = 2억 4,000만 원

상속세의 크기는 재산평가, 사전 증여 여부, 배우자공제 방식 등에 따라 달라질 수 있다.

02 만일 상속세가 나온다고 예상되면 재산 중 일부를 배우자나 자녀 등에게 증여 등을 해두면 상속세가 줄어드는가?

그렇다. 상황에 따라 상당한 절세 효과가 있다.

※ 생전 증여의 장점
- 증여공제 활용 가능(자녀 5,000만 원, 배우자 6억 원)
- 증여는 누진세율이 적용되지만, 분산 증여하면 상속 때보다 낮은 세율로 과세 가능
- 증여 후 10년이 지나면 상속재산에 합산되지 않음. → 상속세 절감 가능

>> 단, 증여세가 새로 발생할 수 있으므로 전체적인 세 부담을 따져서 판단해야 한다.

03 사전에 증여하면 증여세가 나올 수 있다. 상속세를 줄이기 위해 증여를 하면 좋은 경우는?

이에는 다양한 사례가 있을 수 있다. 다음의 사례는 일부에 해당한다.

※ 증여가 유리한 3가지 대표 사례

구분	내용	절세 포인트
1. 장기적으로 부동산이나 주식 등 자산 가치 상승이 예상될 때	지금은 낮은 가치로 증여 → 이후 크게 상승하면 상승분에 대한 상속세 없음.	증여 시점 기준으로 과세
2. 배우자에게 6억 원 이하 자산을 증여할 때	배우자 증여공제 6억 원까지 비과세	10년마다 재활용 가능
3. 10년 전부터 미리 자녀에게 분산 증여할 때	성인 자녀 1인당 5,000만 원씩 공제	여러 자녀에게 분산하면 효과 극대화

04 K씨는 증여세가 안 나오는 수준에서 배우자에게 5억 원을 증여했다. 이 경우, 증여세 신고를 해야 하는가?

배우자 간 증여 시 6억 원까지 증여세가 발생하지 않는다. 따라서 무신고를 하더라도 가산세는 발생하지 않는다. 따라서 이때 증여세 신고는 하지 않아도 큰 문제는 없다.

≫ 직계비속의 경우 10년간 5,000만 원(미성년자는 2,000만 원)까지는 증여세가 안 나오므로 이 경우에도 증여세 신고를 하지 않아도 된다.

05 K씨가 증여 후 10년 이내에 사망했다고 하자. 이 경우, 증여세 신고를 하지 않은 금액 5억 원을 상속재산가액에 포함하지 않으면 어떻게 되는가?

이 경우에는 관할 세무서의 상속세 조사를 통해 이 사실이 적발될 가능성이 크다. 통상 상속개시일로부터 10년 이전의 자금 흐름을 추적하기 때문이다.

Tip 상속과 증여에 대한 최근의 개정 동향

구분	현행 제도	개정안 주요 내용
과세 방법	유산세(전체 유산 기준)	유산 취득세(상속인별 취득분 기준)
배우자공제	최대 30억 원(실제 상속분에 따라 공제)	동일(실제 상속분만큼 공제 또한 최하 공제 5억 원에서 10억 원으로 상향)
기초/일괄공제	기초공제 2억 원 등과 일괄공제 5억 원 중 선택	기초공제 등은 인적공제로 통합해 상속인 수에 따라 조정(또는 일괄공제액을 5억 원에서 8억 원으로 상향 조정)
자녀 공제	1인당 5,000만 원	1인당 5억 원으로 상향 조정
최고 세율	50%(최대 주주 할증 시 60%)	40%로 인하 및 과세 구간 단순화 논의 중(할증 과세 폐지)

참고로 2025년 6월 4일에 등장한 새 정부에서는 자녀 공제 상향 조정 대신 일괄공제 8억 원, 배우자공제 10억 원 등으로 공제 제도를 미세조정할 가능성이 커보인다. 이에 대한 개정안은 2025년 7월 중에 나오지 않을까 싶었지만, 2025년 7월 31일에 발표된 세제 개편안에는 이러한 내용이 포함되지 않았다. 자세한 것은 저자의 카페를 참조하기 바란다.

50대가 알아야 할 상속 지식

50대는 본인 세대보다는 부모 세대의 재산과 상속에 관한 지식을 꼼꼼히 챙겨야 할 시기다. 부모님의 건강과 재산 상황이 변할 가능성이 커지면서 상속과 관련된 여러 문제가 현실로 다가오기 때문이다. 미리 상속 절차, 세금 부담, 그리고 가족 간 분쟁 방지 등에 대해 이해하고 준비하지 않으면 예상치 못한 부담과 갈등이 발생할 수 있다. 다음에서 이에 대해 구체적으로 알아보자.

1. 50대가 알아야 할 상속 지식

첫째, 상속재산의 범위부터 파악하자.

상속세는 '전 재산'을 기준으로 과세된다. 즉 주택, 토지, 예금, 주식뿐 아니라, 자동차, 보험금, 심지어 채무까지도 포함된다. 사망 전 10년(상속인 외의 자는 5년) 내의 증여 재산도 상속재산에 포함될 수 있으니 생전 증여 이력도 체크해야 한다.

- 상속재산 = 사망 시점의 순재산*+과거 일정 기간 내의 증여재산
  * 상속재산에서 상속채무 등을 차감한다.

▶▶ 이때 재산가액은 상속개시일 현재의 시가로 파악하되, 과거에 증여한 재산의 경우에는 증여일 당시의 시가로 파악한다. 참고로 부동산을 기준시가로 평가해 신고하면 국세청에서 감정평가를 받아 이의 금액으로 과세할 수 있으므로 이에 대해서는 매우 주의해야 한다.

둘째, 누가 얼마를 가져가는지 분배 원칙을 이해하자.

법정상속인 순위와 지분 비율을 알아야 분쟁을 막을 수 있다.

예) 배우자+자녀가 상속인일 경우 : 배우자 1.5, 자녀 각각 1의 비율

유언이 있다면 법정상속 비율보다 다르게 분배할 수도 있다. 단, 유류분(유족이 유산을 최소한 받을 수 있는 제도)이 있으므로 일부 상속인의 최소 몫은 보장된다.

▶▶ 유언장은 자필로 쓰고, 날짜·서명 필수! 공증하면 더 안전하다.

셋째, 상속세가 나오는지 미리 계산해보자.

상속세는 앞에서 파악된 상속재산가액에서 일정액을 공제한 후 누진 세율로 계산된다. 세율은 10~50%가 적용된다. 여기서 공제는 다음과 같이 적용된다. 물론 향후 이 공제 제도가 개정될 수 있다.

- 배우자 생존 시 : 최하 10억 원(일괄공제 5억 원, 배우자 상속공제 5억 원) 이상
- 배우자 부존 시 : 최하 5억 원(일괄공제 5억 원) 이상

▶▶ 상속재산이 10억 원을 넘어가면 상속세 부담이 늘어날 가능성이 크다. 이때 미리 증여하거나 채무, 주택연금, 보험 등을 활용하면 절세 효과가 클 수 있다. 예를 들어 부채를 조달해 이를 통해 생활비로 사용하면 해당 부채는 상속재산가액에서 차감된다. 주택연금으로 받은 자금도 상속재산가액에서 차감된다.

2. 적용 사례

사례를 통해 위의 내용을 확인해보자.

〈자료〉
K씨(만 55세)는 수도권에 단독주택(시가 12억 원)과 금융자산 약 8억 원을 보유하고 있다. 배우자와 자녀 2명을 두고 있으며, 최근 지병으로 건강이 악화되어 **상속 준비**를 고민하고 있다. 과거 5년 전, 자녀 1명에게 2억 원을 증여한 적이 있고, 유언장은 아직 작성하지 않았다.

01 K씨가 사망할 경우, 자녀에게 증여한 2억 원은 상속재산에 포함되는가?

사망 전 10년 내 직계비속(상속인 외는 5년)에게 한 증여는 상속세 계산 시 합산된다. 자녀에게 증여한 2억 원은 상속세 계산 시 '추가 상속재산'으로 본다.

▶▶ 이렇게 2억 원을 포함하면 상속재산가액은 22억 원가량이 된다.

02 K씨가 유언 없이 사망하면 상속재산은 어떻게 분배되는가?

법정상속 비율에 따라 배우자는 1.5, 자녀는 각 1의 지분을 갖는다.

03 만일 유언장으로 특정 자녀에게 재산 대부분을 물려준다고 하면, 어떤 문제점이 발생하는가?

상속인 중 유산을 받지 못한 사람은 유류분을 청구할 수 있다. 민법에서는 다음과 같은 비율로 유류분을 인정한다.

- 직계비속과 배우자 : 법정상속분의 1/2
- 직계존속(형제자매는 삭제) : 법정상속분의 1/3

04 지금 K씨가 배우자에게 일부 증여해두면 상속세 절세가 가능한가?

가능하다. 배우자에게 10년간 최대 6억 원까지 증여공제가 가능해 미리 증여하면 상속재산이 줄고, 상속세도 낮출 수 있다.

05 Q4에 따라 해당 재산을 배우자에게 증여했다. 해당 재산은 그 당시 5억 원이었다. 그런데 10년이 안 된 상태에서 K씨가 사망했다. 이때 배우자에게 증여한 금액도 상속재산가액에 포함하는가? 해당 재산의 현재 시가는 10억 원이다.

배우자에게 사전에 증여한 재산가액은 상속재산가액에 포함된다. 이때 포함되는 가액은 10억 원이 아니라 5억 원이 된다. 이처럼 증여 후 10년 이내에 상속이 발생하면 사전에 증여한 재산가액을 상속재산가액에 합산해야 한다. 단, 이때 합산가액은 증여 당시의 시가가 된다.

>> 여기서 주의할 것은 증여세가 안 나와 신고하지 않은 경우에도 이를 상속재산가액에 합산해야 한다는 점이다.

06 K씨가 상속세를 줄이는 관점에서 주택연금에 가입한 후 총 연금 수령액이 대략 3억 원 정도가 되었다. 해당 금액은 상속재산가액에서 차감이 되는가?

그렇다. 이처럼 상속세가 예상되는 경우 주택연금으로 받은 연금은 부채에 해당해 상속재산가액에서 차감되므로 이를 활용해보는 것도 좋은 전략이 될 수 있다.

>> 참고로 자녀가 부모의 생활비 용도로 용돈을 드리는 것은 향후 상속재산가액에서 차감이 되지 않을 가능성이 크다는 점에 유의해야 한다.

Tip 사전 증여를 서둘러야 하는 이유

재산이 어느 정도 있는 집안은 상속을 미리 서둘러야 한다. 왜 그럴까?

첫째, 부동산 가격은 상승한다.
상속세는 사망 시점을 기준으로 과세되므로, 부동산 가격이 상승한 이후에 상속이 이루어지면 그만큼 상속세 부담도 커진다.

둘째, 10년 합산과세 제도가 적용된다.
세법은 상속개시일 전 10년(상속인 외의 자는 5년) 이내에 증여한 금액을 상속재산가액에 합산하도록 하고 있다.

셋째, 상속세 납부 방법이 여의치가 않다.
상속세 납부 시 현금이 준비되어 있지 않으면 부동산 등을 긴급하게 처분해야 하는 경우가 있다. 이렇게 되면 자산이 헐값으로 팔릴 가능성이 크다. 이외에 사전에 재산 분배에 대한 방법이 결정되지, 사후에 가족 간에 재산분쟁이 일어날 수 있다는 점도 고려되어야 한다.

상속재산이 얼마나 있어야 상속세가 나올까?

상속세는 증여세와는 달리 다양한 요소에 의해 세금이 결정된다. 그 결과, 상속세가 나오는지, 안 나오는지 판단이 잘 서지 않을 때가 많다. 따라서 상속세 계산 방법 등을 미리 숙지하고 이를 알아보는 것이 좋다. 만약 모의 계산이 필요하면 국세청 홈택스(저자의 카페도 가능)를 활용하도록 하자.

1. 상속세 계산과 관련해 알아둬야 할 것들

첫째, 상속재산의 범위다.

상속세는 피상속인(사망자)의 사망 당시 보유한 모든 재산과 사망 전 10년(상속인 외의 자는 5년) 내 증여한 재산까지 포함해서 과세한다. 여기에는 다음과 같은 재산이 포함된다.

- 부동산(아파트, 토지, 상가 등)
- 금융자산(예금, 주식, 펀드 등)

- 보험금(계약자 = 피상속인인 상태에서의 사망보험금 등)
- 유가증권, 자동차, 귀금속 등 기타 자산

≫ 채무, 장례비용 등은 재산가액에서 차감이 가능한 항목이다.

둘째, 상속재산의 평가 기준이다.

상속세는 재산의 시가를 기준으로 평가한다. 다만, 시가가 없는 경우에는 보충적 평가 방법(예: 공시가격, 기준시가 등)을 적용한다. 단, 부동산을 기준시가로 신고하면 국세청이 자체적으로 감정평가를 받아 이의 금액으로 경정할 수 있으므로 매우 주의해야 한다.

≫ 시가와 기준시가의 차이가 5억 원 이상이 난 부동산은 감정평가를 받아 신고하는 것이 좋다.

셋째, 상속공제액이다.

상속재산에서 일정 금액을 공제해주는 항목으로, 실제 세금 부담을 줄여주는 요소다. 주요 공제 항목은 다음과 같다.

- 기초공제 : 2억 원
- 인적공제 : 자녀, 미성년자, 연로자, 장애인 등 추가공제
- 일괄공제 : 기초와 인적공제 대신 5억 원으로 일괄공제 선택 가능(상속인이 배우자만 있는 경우에는 선택 불가)
- 배우자공제 : 최소 5억 원~최대 30억 원
- 금융재산공제 : 금융재산의 20%까지(최대 2억 원 한도)
- 동거주택 상속공제 : 일정 요건 충족 시 최대 6억 원 공제
- 가업 상속공제 : 최대 600억 원까지 공제
- 영농 상속공제 : 최대 30억 원까지 공제

>> 공제는 조건을 충족해야 적용되므로 사전 계획과 전문가의 점검이 중요하다. 참고로 아래와 같이 상속 포기 등이 발생해 후순위 상속인이 상속을 받을 때는 다음의 재산가액을 상속공제액에서 차감함에 유의해야 한다.

- 상속인이 아닌 자에게 유증 등을 한 경우(손자가 유증을 받은 경우 등)
- 상속인의 상속 포기로 그다음 순위의 상속인이 상속을 받은 경우 (대를 건너뛰어 상속을 받은 경우)
- 상속재산가액에 합산되는 사전증여재산이 있는 경우(증여공제액을 차감한 후의 금액을 합산)

2. 적용 사례

사례를 통해 앞의 내용을 확인해보자.

〈자료〉
- 본인의 재산가액 : 시가 20억 원(공시가격 10억 원)
- 배우자의 재산가액 : 5억 원
- 자녀 2명

01 본인의 상속재산가액은 10억 원으로 할 수 있는가?

아니다. 세법은 시가를 원칙으로 평가하므로 20억 원이 될 가능성이 크다.

02 이 경우, 본인에 대한 상속이 발생하면 상속공제 예상액은 얼마인가?

일괄공제와 배우자 상속공제를 합하면 최소한 10억 원 정도가 예상된다.

03 상속공제를 늘릴 방법은 무엇인가?

배우자 상속공제의 최대한도가 30억 원이므로 이를 늘리면 된다. 단, 이 공제는 배우자의 법정상속분을 공제하므로 이 부분을 고려해야 한다. 사례의 경우, 본인의 자산가액이 20억 원이고 배우자의 법정 상속지분율은 1.5/3.5이므로 배우자 상속공제액은 8억 5,700만 원(20억 원×1.5/3.5)이 된다. 따라서 일괄공제와 배우자 상속공제를 합하면 총 13억 5,700만 원이 되고, 20억 원에서 이를 차감하면 6억 4,300만 원의 과세표준이 나온다.

04 만일 자녀의 수가 1명이거나 3명이면 배우자 상속공제액이 달라질 수 있는가?

그렇다. 배우자의 상속지분이 달라지고 이에 따라 배우자의 법정상속분이 달라지기 때문이다.

- 자녀가 1명인 경우 : 20억 원×1.5/2.5=12억 원
- 자녀가 3명인 경우 : 20억 원×1.5/4.5=6.6억 원

>> 이처럼 자녀의 수가 많아질수록 배우자 상속공제가 줄어드는 현상이 발생하고 있다. 참고로 향후 이러한 부분을 개선하기 위해 자녀에 대한 공제액이 크게 상향 조정될 수 있다.

05 상속재산가액에 포함된 자녀의 증여재산가액이 5억 5,000만 원(과세표준 5억 원)이라고 하자. 한편 상속세 기본공제액이 10억 원이라고 하

자. 이 경우 상속공제액은 얼마인가?

상속재산에 합산되는 사전증여재산가액이 있는 경우 증여세 과세표준이 상속공제액에서 차감된다. 따라서 사례의 경우 5억 원이 공제액이 된다. 사전 증여가 늦으면 이같은 현상이 발생하므로 매우 주의해야 한다.

06 본인이 사망할 경우, 상속세 예상 산출세액은? 상속공제액은 10억 원이라고 하자.

- 상속세 과세표준 : 20억 원－10억 원＝10억 원
- 산출세액 : 10억 원×30%－6,000만 원(누진 공제)＝2억 4,000만 원

Tip 일괄공제 적용법

이 제도는 기초공제와 기타 인적공제의 합계액이 5억 원에 미달하는 경우, 이들 대신 일괄적으로 5억 원을 공제하는 것을 말한다. 따라서 상속이 발생하면 이 공제로 인해 최소한 5억 원(8억 원 등으로 상향 가능성 있음)이 공제되는 것이다. 다만, 이 공제는 다음과 같은 형태로 적용된다.

구분	일괄공제 적용 여부	최하 공제 예상액
① 일반적인 공동상속인 경우	선택 적용	10억 원 (일괄공제＋배우자 상속공제)
② 무신고 경우	강제 적용	10억 원 (일괄공제＋배우자 상속공제)
③ 배우자 단독상속의 경우	적용 불가	7억 원 (기초공제＋배우자 상속공제)

상속재산은
누가 받을까?

상속재산은 민법에서 정한 상속순위와 비율에 따라 법정상속인이 받는다. 유언장이 있다면 유언 내용이 우선하지만, 유언이 없으면 아래 순서와 비율로 상속된다. 다음에서 50대가 알아둬야 할 상속순위 등을 정리해보자.

1. 상속순위, 법정 상속지분 등

① 상속순위(민법 제1000조)

상속순위	상속인
1순위	직계비속(자녀, 손자녀 등)+배우자
2순위	직계존속(부모, 조부모 등)+배우자
3순위	형제자매
4순위	4촌 이내의 방계혈족(삼촌, 조카 등)

배우자는 1·2순위와 공동상속인이 된다. 혼인신고가 되어 있지 않

은 사실혼 배우자는 법정상속인이 아니다. 유언이 있는 경우에는 유언에 따라 상속된다.

▶▶ 유언장은 법적인 형태를 갖춰야 한다.

② **법정상속분**(민법 제1009조)
민법에서는 위 상속인에 대해 다음과 같이 법정상속분을 정하고 있다.

상속인 구성	법정상속 비율
배우자+자녀	배우자 1.5, 자녀 1의 지분으로 나눠 가짐.
자녀만 있음.	자녀끼리 균등 분할
배우자만 있음.	배우자가 전부 상속
부모만 있음.	부모끼리 균등 분할

③ 기타 고려할 점
- 유류분 제도 : 일부 상속인을 배제하는 유언이 있더라도 일정 비율은 반드시 보장된다(예 : 자녀는 법정상속분의 1/2).
- 대습상속 : 자녀가 상속 개시 전에 사망했을 경우, 손자녀가 대신 상속 가능하다.
- 특별수익자/기여분 : 생전에 증여받은 자산이나 가족 사업에 기여한 부분을 조정해 상속재산에서 차감 또는 가산한다.

2. 적용 사례

사례를 통해 위의 내용을 확인해보자. K씨(만 68세)가 최근 갑작스럽게 사망했다. 남긴 자산은 총 9억 원(주택 6억 원, 예금 3억 원)이고, K씨에게는 다음과 같은 가족이 있다. 참고로 유언은 남기지 않았다.

- 배우자 : 생존
- 자녀 : 장남 A, 차남 B(두 명 모두 생존)
- K씨의 모친 : 생존
- 형제자매 : 1명 생존

01 이 경우, 상속인이 되는 사람은 누구인가?

상속 1순위는 '직계비속+배우자'이므로, 상속인은 배우자, 장남 A, 차남 B 등 세 사람이다. K씨의 어머니와 형제자매는 상속인이 되지 않는다.

02 상속재산 9억 원은 어떻게 나누어지나?

1순위 상속인 간 법정상속분에 따라 배우자는 1.5, 자녀 각각 1의 지분(총 3.5)을 가지므로 다음과 같이 분배된다.

- 배우자 : 9억 원×(1.5÷3.5)=3.86억 원
- 장남 A : 9억 원×(1÷3.5)=2.57억 원
- 차남 B : 9억 원×(1÷3.5)=2.57억 원

03 만약 장남 A가 5년 전에 사망하고, 장남에게 자녀(손자)가 있었다면 손자도 상속받을 수 있는가?

가능하다. 대습상속이 적용되어 손자가 장남의 지분(2.57억 원)을 대신 상속받을 수 있다. 단, 장남이 상속결격 사유가 있었던 경우에는 대습상속이 인정되지 않는다.

04 사례의 경우, 상속세가 나오는가?

배우자가 생존해 있고 사전에 증여한 재산이 없고 재산가액이 10억 원에 미달하므로 상속세가 나오지 않아 보인다.

05 Q4처럼 상속세가 나오지 않으리라고 예상된다면 상속세 신고는 하지 않아도 되는가?

원칙적으로 그렇다. 다만, 아래와 같은 사유가 있는 경우에는 신고를 하는 것이 좋다.

- 사전에 증여한 재산가액이 있는 경우(증여세 신고 여부를 불문한다)
- 과거 10년 전후에 배우자나 자녀에게 계좌 이체한 금액이 많은 경우
- 조만간 상속받은 부동산을 양도하고자 하는 경우(시가*로 신고해두면 취득가액을 올릴 수 있음. 단, 양도세 비과세나 감면 부동산은 실익이 크지 않음)

  * 시가는 보통 감정평가를 받아 입증하는 경우가 많다.

▶▶ 상속세를 신고하지 않으면, 관할 세무서에서 자체적으로 부동산과 금융자산 등을 조회해 과세될 것으로 예상하면 세무 조사 등을 거쳐 상속세를 확정하게 된다. 이때 무신고에 따른 신고불성실 가산세 20%와 납부 지연 가산세 8.03%를 부과하게 된다.

Tip 상속세 절세계획과 상속 발생 시 업무 처리 절차

재산가의 상속세 절세계획(Plan)과 상속 업무 처리는 다음과 같이 진행하는 것이 좋다.

구분	내용
1. 상속 대상 자산 파악	• 자산 종류와 규모 파악(세법상 평가액으로 진행)
▼	
2. 피상속인의 연령 및 건강 상태 파악	• 사망 시점에 따른 세금계획 수립을 하기 위함. • 10년 단위로 실행
▼	
3. 절세 방안 모색	• 대안 중 세 부담 최소화 안을 선택하는 것이 원칙
▼	
4. 세금계획의 수정	• 상속재산의 변동이나 세법 변경 등의 내용에 따라 수정
▼	
5. 세금납부 대책	• 연부연납, 물납 등 검토 • 사전 증여 실행 • 보장성보험의 활용 등
▼	
6. 상속 발생	• 상속재산 분배 • 상속등기
▼	
7. 신고 및 사후관리	• 상속세 신고* • 사후관리

* 상속세 신고 기한(6개월) 이후부터 9개월 사이에 관할 세무서(피상속인의 주소지 관할 세무서)에서 세무 조사 등을 통해 신고 내용을 확정하게 된다.

50대가 알아야 할
증여 지식

　50대는 단순히 상속을 준비하는 것에 그치지 않고, 증여를 통한 자산 이전 전략도 함께 고민해야 할 시점이다. 자녀의 결혼, 주택 마련, 창업 등을 지원하면서 자연스럽게 증여 이슈가 생기기 때문이다. 증여는 적절히 활용하면 상속세 부담을 미리 분산시키는 수단이 되지만, 사전에 충분한 이해 없이 진행할 경우, 예상치 못한 세금이 부과되거나 불이익이 발생할 수 있다. 다음에서 50대가 알아야 할 증여 지식을 정리해보자.

1. 50대가 알아야 할 증여 지식

첫째, 증여의 목적을 정확히 해야 한다.
　증여의 목적이 자녀의 재산 형성인지, 상속세 등의 절감을 위해서인지 등을 명확히 해야 한다. 이에 따라 다양한 세금 관계가 형성되기 때문이다. 예를 들어 상속세를 피하고자 증여를 늦게 시작하면 효과가 없을 수 있다. 상속 개시 전 10년(상속인 외의 자는 5년) 이내에 증여한 재산은 상속재산에 합산되어 상속세를 계산하기 때문이다.

>> 지역에서 건보료를 내는 경우 부동산에 대해서도 부과되므로 이에 대한 부담이 큰 경우에는 자녀에게 증여할 수도 있다. 다만, 이 경우 증여세와 취득세 등이 많이 나올 수 있음에 유의해야 한다.

둘째, 증여세 면세점을 확인한다.

가족 간 증여에도 세금이 부과될 수 있다. 다만, 증여공제 한도 내에서는 세금이 면제된다(6억 원, 5,000만 원, 2,000만 원, 1,000만 원 등).

>> 앞의 증여공제는 10년 단위로 한도가 리셋(단, 출산·증여공제는 리셋되지 않음)되므로 이러한 부분을 고려해 증여 계획을 세울 수 있다.

셋째, 증여세 등 관련 세금을 확인하고 신고 여부를 결정한다.

부동산을 증여할 때는 증여세와 취득세 등이 부과되는데, 이때 원칙적으로 시가를 기준으로 과세표준을 계산한다. 한편 금전 증여는 증여세 정도가 발생하지만 신고를 누락하는 경우가 종종 있다.

>> 증여세 신고를 누락하면 가산세 등을 피하기가 힘들다. 물론 증여세가 안 나오는 수준의 증여는 문제가 없다. 증여세는 증여일이 속한 달의 말일부터 3개월 이내에 증여세 신고 및 납부한다.

2. 적용 사례

사례를 통해 위의 내용을 확인해보자.

〈자료〉
50대인 K씨는 자녀에게 자산을 조금씩 물려주고자 한다. 그는 다음과 같은 계획을 세우고 있다. 성인 자녀에게 매년 1,000만 원씩 5년간 송금한다. 이외 2억 원 상당의 아파트를 자녀 명의로 이전해줄 생각이다.
최근 건강에 이상이 있어, 향후 상속세 부담도 걱정하고 있다.

01 K씨가 성인 자녀에게 매년 1,000만 원씩 송금하고 있는데, 증여세는 내야 하는가?

성인 자녀는 10년 동안 5,000만 원까지 증여세가 면제된다. 따라서 K씨처럼 매년 1,000만 원씩 5년간 총 5,000만 원을 송금한다면, 해당 금액은 증여세 신고 의무 없이 면제 한도 내의 증여에 해당된다. 단, 계좌이체 등 명확한 증빙이 필요하다.

02 아파트를 자녀에게 증여하려고 한다면 어떤 세금이 발생하고, 어떤 방식으로 증여재산가액이 평가되는가?

아파트 증여 시에는 증여세와 취득세가 발생한다. 증여세 과세표준은 통상 시가(실거래가)를 기준으로 하며, 시가가 없을 경우는 공시가격 등 보충적 평가가 사용된다. 자녀는 증여세를 납부하고, 취득세 등을 추가로 부담해야 한다.

>> 아파트를 증여할 때는 시가로 과세되므로 반드시 감정평가를 받아 해당 금액으로 증여 여부를 결정해야 한다. 이때 취득세는 일반적으로 증여금액의 3.5%이지만, 조정대상지역(서울 강남·서초·송파·용산구)의 주택(공시가격 3억 원 이상)은 12%까지 적용될 수 있다. 참고로 앞의 조정대상지역은 2025년 하반기 이후에 추가로 지정될 가능성이 커보인다. 저자의 카페 등을 통해 관련 내용을 확인하기 바란다.

03 사망 전 10년 이내에 증여한 재산은 상속세 계산에 어떤 영향을 미치는가? 사전 증여가 항상 유리한 전략인가?

직계존비속 간 사망 전 10년(상속인 외의 자는 5년) 이내의 증여금액이 상속세 계산 시 합산된다. 즉, 사전 증여했다고 해서 상속세를 완전히 피할 수 있는 것은 아니다.

그러나 10년(5년) 이전에 증여하거나, 공제 범위 내에서 증여하는 방식으로 분산 증여하면 상속세 부담을 줄이는 데 효과적일 수 있다. 따라서 무조건 사전 증여가 유리한 것이 아니라, 시기·금액·대상을 고려한 전략적 접근이 필요하다.

04 자녀가 증여받은 부동산은 몇 년간 보유해야 세무상 문제가 없는가?

① 증여받은 부동산이 1세대 1주택인 경우

증여받은 자녀가 독립 세대로, 해당 주택이 1세대 1주택으로 2년 이상 보유 등을 해서 비과세 요건을 충족할 수 있다. 따라서 이 경우에는 2년 정도 보유해도 문제가 없다(단, 12억 원을 초과한 고가주택의 과세 부분은 증여자가 취득한 당시의 가액이 취득가액이 된다. 즉 취득가액 이월과세가 적용된다).

② 증여받은 부동산이 위 외에 해당하는 경우

증여받은 날로부터 10년 전후에 양도하면 다음과 같은 결과가 나타난다.

- 10년 이내에 양도하면 → 취득가액은 증여자가 취득한 가액으로 한다. 취득가액 이월과세가 적용되기 때문이다.
- 10년 후에 양도하면 → 취득가액은 수증자가 취득한 가액으로 한다.

>> 가족으로부터 증여받은 부동산을 양도할 때에는 언제 양도해야 문제가 없는지를 늘 점검해야 한다.

05 만일 해당 재산을 자녀에게 매매하면 세금 관계는 어떻게 되는가?

① 시가로 매매하는 경우
- K씨에게는 양도차익에 대해 양도세가 나온다. 이 경우 장기보유 특별공제는 6~80%가 가능하다.
- 자녀에게는 취득세가 부과된다.

② 저가로 매매하는 경우
- K씨에 대해서는 저가(시가의 5% 이상 차이 난 경우를 말함)가 아닌 시가로 양도세가 나온다(저가 신고분 가산세 부과됨).
- 자녀에 대해서는 시가로 취득세가 나오며, 저가로 이익을 본 금액(3억 원, 30% 이하는 면제)에 대해서는 증여세를 과세한다.

06 자녀에게 정상적으로 매매한 경우 해당 재산은 상속재산가액에 합산되는가?

아니다. 증여가 아니기 때문이다. 대신 자녀로부터 받은 현금 등이 상속재산가액에 포함된다.

>> 가족 간의 저가 거래 등에 대해서는 저자의 《가족 간 부동산 거래 세무 가이드북》 등을 참조하기 바란다.

Tip 자녀에게 주택 증여 시 주의할 점

자녀에게 주택을 증여할 때 다음과 같은 점에 주의하자.

첫째, 자녀에게 증여할 때 세대 개념에 유의해야 한다.

① 자녀가 30세 미만인 경우 : 자녀가 미성년자이거나 대학생인 경우 또는 미취업 상태로 있는 경우 등은 세대 분리를 했더라도 인정이 안 된다. 다만, 30세 미만이더라도 이혼을 했거나 상속주택을 받은 경우, 근로소득이나 사업소득 등이 있는 경우에는 인정이 된다.

② 자녀가 30세 이상인 경우 : 소득이 없더라도 세대 독립이 인정된다.

둘째, 자녀에게 증여한 후 자녀가 처분할 때 그 처분기한에 유의해야 한다. 예를 들어, 아버지가 아들에게 증여하고 그 아들이 10년 이내에 제삼자에게 양도하면 이월과세나 부당행위계산부인 제도가 적용될 수 있다. 다만, 비과세가 적용되는 경우에는 2년 이후에 양도해도 된다.

셋째, 부담부 증여로 이전된 채무는 자녀가 갚도록 한다. 그렇지 않으면 채무상환조사를 받게 되어 증여세를 내야 한다.

≫ 자녀에게 부동산의 증여 시 5,000만 원을 벗어나면 증여세가 많이 나오게 된다. 따라서 증여세를 낮추는 방법을 많이 생각하게 되는데, 이때 등장하는 방법의 하나가 바로 채무를 포함한 증여 이른바 '부담부 증여'다. 이 부담부 증여도 증여에 해당하므로 취득세, 양도세, 증여세 등 관련 세금은 모두 시가로 과세하는 것이 원칙이다. 부담부 증여는 관련 세금이 상당히 많을 수 있으므로 이의 방식이 좋은지 나쁜지는 별도로 알아봐야 한다.

※ 부담부 증여 시 발생하는 채무에 대한 과세체계

구분	증여세	양도세	취득세
채무로 인정되면	채무 외 재산에 대해 증여세 과세됨.	양도세 과세됨.	• 유상 : 1~12% • 무상 : 3.5~12%
채무로 인정되지 않으면	전체에 대해 증여세가 과세됨.	양도세 과세되지 않음.	무상 : 3.5~12%

혼인·출산 증여공제 활용법

자녀의 혼인·출산 시 최근 신설된 증여공제를 활용하면 1억 원 정도의 자금을 세 부담 없이 이전할 수 있다. 따라서 기존의 5,000만 원 외에 1억 원을 추가하면 1억 5,000만 원까지 증여세 없이 도와줄 수가 있다. 다음에서 이에 대해 알아보자.

1. 증여공제 적용법

자녀가 수증자일 경우 증여공제 등을 정리해보자.

첫째, 증여공제액

증여자 → 수증자	증여공제 한도
(조) 부모 → 자녀(성인)	5,000만 원
(조) 부모 → 자녀(성인)	1억 원(혼인, 출산 시)
(조) 부모 → 자녀(미성년자)	2,000만 원
친족 → 친족	1,000만 원

성인 자녀에게 5,000만 원까지, 이외에 자녀의 혼인이나 출산 시 최대 1억 원까지 별도로 증여할 수 있다.

> 혼인하는 경우 양가로부터 최대 3억 원까지 세 부담 없는 증여를 받을 수 있다. 참고로 앞의 증여공제 적용 대상은 현금은 물론이고 부동산 등 각종 재산을 포함한다.

둘째, 증여공제 리셋 여부

기본공제 5,000만 원은 10년 후에 원위치가 되며, 혼인·출산 공제는 리셋 없이 평생 한도가 적용된다.

셋째, 혼인·출산 증여공제가 추징되는 경우
- 증여일 전후 2년을 초과해 증여한 경우
- 위 기간 내에 혼인하지 않은 경우(혼인 무효, 취소 등 포함) 등

> 증여한 후 2년 이내에 혼인하지 아니한 경우로서 증여일부터 2년이 되는 날이 속하는 달의 말일부터 3개월이 되는 날까지 수정신고를 하면 가산세를 부과하지 않는다. 이외 혼인이 무효 등이 된 경우에도 3개월 이내에 신고하면 가산세를 부과하지 않는다.

2. 적용 사례

사례를 통해 위의 내용을 확인해보자.

〈자료〉
50대 K씨는 아들(A)에게 결혼 자금과 출산자금을 지원하고자 한다. 아들은 2025년에 결혼할 예정이고, 2026년에 첫 아이가 태어날 예정이다. K씨는 다음과 같은 계획을 세웠다.

- 결혼 전 아들에게 혼수비용 명목으로 7,000만 원을 송금
- 손주가 태어난 후, 손주 명의로 아들에게 4,000만 원을 송금

01 K씨가 아들의 결혼을 이유로 7,000만 원을 송금한 경우, 증여세는 어떻게 계산되는가?

직계존속이 자녀의 혼인에 따라 증여하는 경우, 최대 1억 원까지 공제된다. 이는 성인 자녀에 대한 일반 증여공제 5,000만 원과 별도로 인정된다. 따라서 7,000만 원은 전액 비과세 처리된다.

>> 자녀의 경우, 1억 5,000만 원까지 증여공제가 가능하므로 아직 8,000만 원의 증여공제 여유가 있다.

02 출산을 이유로 4,000만 원을 손주 명의로 송금한 경우, 혼인·출산 공제를 적용받을 수 있는가?

출산에 따른 증여공제는 혼인 증여공제와 합해 1억 원(합산 기간 없음)까지 공제를 받을 수 있다. 따라서 사례의 경우 앞의 7,000만 원에 출산 증여공제 3,000만 원을 더하면 1억 원의 증여공제를 받을 수 있다. 나머지 1,000만 원은 미성년자에게 적용되는 기본공제 2,000만 원을 활용해 공제를 받을 수 있다.

03 혼인·출산 관련 증여공제는 반드시 현금만을 기준으로 적용되는가?

아니다. 부동산 등도 해당한다.

> **Tip** 결혼 앞둔 자녀에게 결혼자금 증여

- 부모가 성인 자녀에게 5,000만 원 증여
- 부모가 성인 자녀에게 1억 원 증여

>> 예비부부는 양가에서 각각 1.5억 원씩 증여를 받을 수 있다(여기에 사위와 며느리에게 교차 증여 시 각각 1,000만 원씩 증여공제 추가 가능. 총 3.2억 원).

혼수용품을 사주면 증여세가 나올까?

부모와 자식 간 또는 배우자 간 또는 친족 간에 생활비 등의 용도로 돈들이 왔다 갔다 할 수 있다. 이외에 결혼할 때 혼수용품을 마련해준다든지 각종 기념일에 현금이 왔다 갔다 할 수 있다. 그렇다면 이러한 돈들은 상속세와 증여세에 어떤 영향을 미칠까? 다음에서 이에 대해 정리해보자.

1. 법 규정

상속세 및 증여세법 제46조 제5호에서는 다음의 항목들에 대해 증여세 비과세로 규정하고 있다.

> 5. 사회 통념상 인정되는 이재 구호 금품, 치료비, 피부양자의 생활비, 교육비, 그 밖에 이와 유사한 것으로서 대통령령으로 정하는 것

한편 상속세 및 증여세법 시행령 제35조 제4항에서는 앞의 대통령

령을 다음과 같이 정하고 있다.

> ④ 법 제46조 제5호에서 "대통령령으로 정하는 것"이란 다음 각호의 어느 하나에 해당하는 것으로서 해당 용도에 직접 지출한 것을 말한다.
> 1. 삭제(2003.12.30)
> 2. 학자금 또는 장학금 기타, 이와 유사한 금품
> 3. 기념품·축하금·부의금 기타, 이와 유사한 금품으로서 통상 필요하다고 인정되는 금품
> 4. 혼수용품으로서 통상 필요하다고 인정되는 금품

위의 내용들 중 핵심적인 것 몇 가지만 정리해보자.

첫째, 사회 통념상 인정되는 지출에 대한 것이다.

가족에게 치료비나 피부양자의 생활비, 교육비 등을 줄 때는 사회 통념상의 범위를 벗어나지 않아야 한다는 것이다. 예를 들어 자녀에게 생활비 명목으로 1억 원을 준다면, 이는 명백한 증여에 해당한다.

>> 참고로 앞의 피부양자는 자력으로 생활을 유지할 수 없는 가족들을 위해 부양할 책임을 지우고 있다(민법 제974조·제975조).

- 직계혈족 및 그 배우자 간
- 기타 친족 간(생계를 같이 하는 경우에 한한다.)

둘째, 기념품·축하금·부의금, 혼수용품 등은 통상 필요하다고 인정되는 금품이 용도에 직접 지출되어야 한다.

예를 들어 아버지가 자녀에게 생일선물 용도로 1,000만 원을 입금한 경우, 해당 금액 중 실제 생일선물로 산 금액은 증여세가 나오지 않지

만, 나머지 금액은 증여에 해당한다는 것이다. 혼수용품도 마찬가지다.

셋째, 증여세가 비과세되는 금품은 상속세에 영향을 주지 않는다.

이때 상속세 과세에서 벗어나기 위해서는 금품을 샀다는 영수증 등으로 입증이 되어야 한다. 예를 들어, 아버지로부터 혼수용품비로 1,000만 원을 입금받은 경우라면 실제 지출한 카드명세서 등 증빙이 있어야 한다는 것이다. 이런 증빙이 없으면 해당 금액은 사전 증여로 볼 수 있다.

2. 적용 사례

사례를 통해 위의 내용을 확인해보자.

01 K씨는 손주에게 용돈 100만 원을 지급했다. 이는 증여에 해당하는가?

무상으로 건네진 돈은 원칙적으로 증여에 해당한다. 그러나 생일 등을 맞이해 건네진 돈에 대해서는 대부분 문제가 없다. 사회통념을 벗어나지 않으면 되기 때문이다. 다만, 억지로 증여로 본다고 해도 10년간 2,000~5,000만 원 사이에서는 증여세가 면제되므로 실무상 쟁점이 되는 경우는 거의 없다.

02 K씨는 자녀의 혼수용품을 전세보증금 1억 원을 지원했다. 이 부분은 증여에 해당하는가?

사회통념을 벗어났다고 봐야 한다. 따라서 증여세가 나올 수 있다. 다만, 2024년에 신설된 혼인 증여공제 1억 원 등을 활용하면 증여세가 나오지 않을 가능성이 크다.

03 자녀가 아버지한테 매월 드린 생활비 50만 원은 향후 상속채무로 인정되는가?

해당 생활비는 민법상 부양의무에 따른 것으로 상속인이 갚아야 할 채무로 보지 않는 것이 현행 세법의 태도다.

차입과 증여를
구분하는 요령(차용증)

실무에서 부모 등으로부터 건네받은 자금(생활비 등 제외)이 차입인지 증여인지에 대한 논란이 많다. 차입에 해당하면 세무상 쟁점이 발생하지 않지만, 증여에 해당하면 증여세를 내야 하기 때문이다. 따라서 될 수 있는 대로 불필요한 세금을 내지 않기 위해서는 차입으로 인정받는 것이 좋을 것이다. 그렇다면 어떻게 해야 이로 인정받을 수 있을까? 다음에서 이에 대한 해법을 알아보자.

1. 차입과 증여의 구분

① 차입에 해당하는 경우

현행 세법에서는 특수관계인(부모와 자녀) 간의 금전소비대차(돈을 빌려주고 갚는 것)는 원칙적으로 인정하지 않고 증여로 추정한다. 따라서 해당 거래가 차입에 해당함을 입증해야 증여세를 내지 않는다.

※ 차입거래임을 입증하는 방법

세법은 부모와 자녀가 금전소비대차계약에 의해 금전을 차입하고 변제한 사실이 채무부담계약서, 차용증 및 이자 지급에 관한 증빙 등에 의해 입증되는 경우에는 증여세가 과세되지 않도록 하고 있다. 따라서 증여세 과세를 피하기 위해서는 금전소비대차계약서(차용증), 근저당설정 내역, 원리금 수령 내역과 관련한 금융증빙을 보관하고 있어야 한다. 참고로 차용증이 없는 경우라도 차입이 인정될 수가 있다(국심 200서 3492, 2003.2.6. 같은 뜻).

② 증여에 해당하는 경우

부모로부터 차입한 돈이 증여에 해당하는 경우에는 주로 아래와 같은 상황에서 발생한다.

첫째, 차주가 변제능력이 없는 경우

주로 미성년자나 고령자, 전업주부 등이 차주면 부채에 대한 상환 능력이 없는 경우가 일반적이므로 증여로 볼 가능성이 크다.

둘째, 정황증거가 부족한 경우

차입거래 이후에 차용증을 작성하거나 이자를 지급하는 경우 등이 이에 해당한다.

>> 차입거래로 인정받기 위해서는 미리 차용증이 작성되어야 하고 이에 맞게 자금거래가 되어야 한다.

셋째, 차주를 대신해 부채를 상환한 경우

부채 상환에 대해 정기적인 조사를 통해 이 같은 사실이 적발되면 증여세를 부과한다. 참고로 새 정부에서는 이와 관련된 조사 등이 강화될 것으로 예상되므로 미리 주의하도록 하자.

2. 적용 사례

사례를 통해 위의 내용을 확인해보자.

01 가족 간에 돈거래를 할 때 이자가 없거나 낮게 처리하면 어떤 문제가 발생하는가?

현행 상증법 제41조의 4에서는 타인으로부터 금전을 무상 또는 저리로 대출받으면 다음의 금액을 증여세로 부과하고 있다.

- 무상대출 : 대출금액×적정 이자율(4.6%)
- 저리대출 : 대출금액×적정 이자율(4.6%)-이자 지급액

>> 단, 자금을 대여받은 자의 연간 이익이 1,000만 원 이하가 되면 본 규정은 적용되지 않는다. 예를 들어 대여금액이 2억 원이면 이에 4.6%의 이자율을 적용하면 이자가 1,000만 원에 미달한다. 따라서 이 정도의 대여금액에 대해서는 무이자(또는 2% 같은 저리)로 해도, 이자에 대해서는 증여세가 부과되지 않는다. 참고로 법인의 경우에는 주주에 대해 증여세가 나올 수 있는데, 이때 기준은 1억 원(원금 기준 21억 원 정도)이다. 따라서 법인이 자금을 무상으로 사용하는 경우에는 주주에 대한 증여세 과세 문제가 거의 없다.

02 위 Q1에 따라 발생한 이자가 100만 원이다. 이에 대해서도 증여세를 부과하는가?

아니다. 위 이익이 1,000만 원이 넘어야 한다. 참고로 이러한 이자는 1년 간의 이자를 합계해 계산하며, 증여세가 나오지 않으면 해당 이자는 소멸한다. 즉 1년 후의 이자와 합산해 과세 판단을 하지 않는다.

03 만일 이자를 수수함에 따른 소득세는 어떻게 처리해야 하는가?

이자는 세법상 이자소득에 해당한다. 따라서 이에 대해서는 증여세 과세 여부와 무관하게 다음과 같이 세무 처리를 해야 한다.

① 이자 지급 시

개인 간에 이자를 지급할 때는 지급금액의 25%(지방소득세 포함 시 27.5%) 상당액을 원천징수해야 한다. 다만, 개인이 이러한 실무 처리를 직접 하는 것이 힘든 경우가 많아, 사후적으로 납부하는 경우가 일반적이다.

② 이자 수령 시

이자를 받은 자는 그의 금융소득이 연간 2,000만 원 넘어가면 다른 소득을 합해 금융소득 종합과세로 신고 및 납부해야 한다. 참고로 이자를 받고서도 신고를 누락한 경우에는 소득세 본세 및 가산세 추징은 피할 수 없다.

04 Q4에서 발생한 이자소득에 대해서는 건보료가 나오는가?

이자소득 등을 포함한 종합소득의 크기에 따라 피부양자 인정과 지역 건보료 등이 결정된다. 이에 대해서는 3장과 4장에서 살펴보았다.

절세 탐구 | 상속 vs 증여, 절세 타이밍 찾기

상속과 증여 중 선택을 앞두고 이런저런 고민이 상당히 많다. 지금부터는 부동산을 중심으로 상속과 증여에 대한 선택 문제를 다뤄보고자 한다. 이러한 업무는 다양한 대안이 있을 수 있으므로 아래 내용은 참고용으로 봐주기를 바란다.

1. 상속 대 증여의 선택 기준

상속세와 증여세 구조는 매우 유사하지만, 공제에서는 큰 차이를 보인다. 따라서 이 공제 제도를 활용해서 다음과 같은 대안을 만들 수 있다.

① 상속세가 안 나오거나 얼마 안 될 것으로 예상하는 경우
배우자가 살아 있는 상태에서 상속이 발생하면 기본적으로 10억 원만큼 상속공제를 받을 수 있다. 따라서 이런 상황이라면 상속세 피한답시고 사전에 증여할 필요는 없다.

〈주의할 점〉
- 미리 증여하면 증여세 등을 내야 하는 경우가 있다.
- 고령자의 경우 불필요한 세무 간섭을 받을 수 있다.

② 상속세가 나올 것으로 예상하는 경우
이 경우에는 사전에 적절한 재산 분산 활동이 요구된다. 다만, 이 경우에도 재산 규모에 따라 다음과 같은 전략을 수행할 수 있을 것이다.

- 재산가액이 20억 원 이하이면 → 이 경우 상속세가 부과될 가능성이 있으나 그렇게 많지 않을 것이므로, 증여보다는 부채 등을 추가하는 식으로 대안을 마련한다.*

    * 참고로 향후 기본상속공제액이 10억 원에서 18억 원(일괄공제와 배우자 상속공제)으로 상향 조정되면 20억 원까지는 상속세 부담이 없어질 가능성이 크다.

- 재산가액이 20억 원을 초과하면 → 사전 증여나 매매 등을 활용해 재산 슬림화를 해두는 것이 좋다.

〈주의할 점〉
- 부동산 증여 시에는 시가로 과세됨에 유의해야 한다.
- 10년(상속인 외의 자는 5년) 내 증여한 재산가액은 상속재산가액에 합산된다.

2. 적용 사례

사례를 통해 위의 내용을 확인해보자. K씨는 상속으로 재산을 이전할까 아니면 증여로 재산을 이전할까 고민하고 있다. 이 경우, 어떤 식으로 문제를 해결할 수 있을까? 그의 총재산은 20억 원이라고 하자. 물론 재산을 물려받을 사람은 성년인 자녀라고 하자.

Q1 상속세는 얼마나 예상되는가? 상속공제액은 10억 원이다.

- 상속세 : (20억 원 - 10억 원)×30% - 6,000만 원(누진 공제)
    = 2억 4,000만 원

Q2 Q1의 결과가 맞다고 예상되면 취할 수 있는 조치는 무엇인가?

부채를 늘리든지 아니면, 미리 증여를 통해 재산을 분산시켜야 한다.

03 **상속세율 20%가 적용되도록 하려면 얼마의 상속재산을 줄여야 하는가?**

상속세율 20%는 1~5억 원 사이에서 적용되므로, 사례의 경우 과세표준 10억 원 중 5억 원을 줄여야 한다.

04 **Q3에서 5억 원을 자녀 2명에게 증여한 경우, 증여세는 얼마나 예상되는가? 증여공제액은 각각 5,000만 원이다.**

- 1인 증여세 : (2억 5,000만 원 - 5,000만 원) × 20% - 1,000만 원(누진 공제) = 3,000만 원
- 2인 증여세 : 6,000만 원

05 **이렇게 증여하면 상속세는 얼마나 줄어드는가?**

상속세 과세표준이 5억 원이 되고, 이에 20%(누진 공제 1,000만 원)를 적용하면 9,000만 원이 된다. 따라서 상속세는 1.5억 원이 줄어들 것으로 예상한다.

06 **위와 무관하게 향후 세법이 개정되어 상속공제액이 18억 원으로 증가하면 상속세는 얼마나 예상되는가?**

- 상속세 : (20억 원 - 18억 원) × 20% - 1,000만 원(누진 공제) = 3,000만 원

07 **Q6와 같은 식의 개정이 되면 미리 증여할 실익이 있는가?**

실익이 상당 부분 줄어든다.

>> 상속과 증여에 관한 자세한 내용은 저자의 《상속·증여 세무 가이드북》 등을 참조하기 바란다.

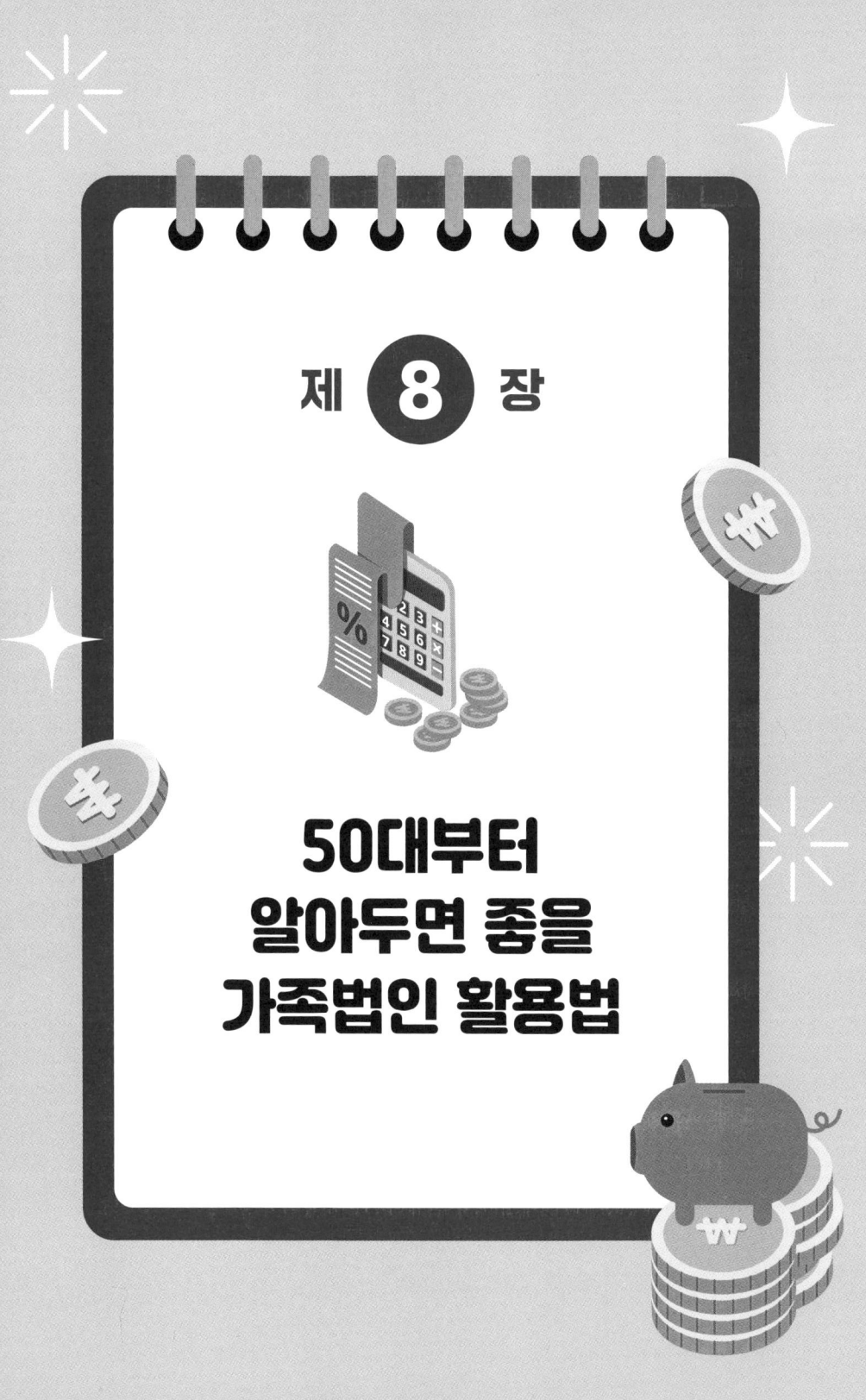

50대가 알아야 할 가족법인의 장단점

　법인은 자연인(사람)이 아니더라도 법률에 따라 권리 능력(법적 주체의 자격)을 부여받은 단체를 말한다. 쉽게 말해, 사람이 아닌데도 사람처럼 계약도 하고, 재산도 가지고, 소송도 할 수 있는 존재다. 이러한 법인을 가족이 모여 운영하는 것을 '가족법인'이라고 한다. 다음에서는 50대가 가족법인을 합법적으로 활용하면 좋은 이유를 살펴보자.

1. 장점

첫째, 급여를 받을 수 있다.
- 가족법인의 등기이사나 직원으로 등록하면 법인에서 급여를 받을 수 있고, 이를 통해 안정적인 생활비를 확보할 수 있다.
- 급여는 법인의 필요경비로 인정되므로 법인세 절감에도 도움이 된다.

둘째, 건보료를 조절할 수 있다.

- 개인이 직접 부동산을 보유하거나 금융소득이 있으면 지역가입자로서 높은 건보료를 부담하게 되지만, 가족법인 명의로 자산을 보유하게 되면 개인소득이 줄어 건보료를 줄일 수 있다.
- 법인의 급여 수준을 조절함으로써 소득에 따른 건보료를 일정 수준에서 관리할 수 있다.

셋째, 경비처리를 할 수 있다.

- 가족법인은 사업체이므로 차량 유지비, 사무실 임대료, 통신비 등 다양한 비용을 경비로 처리할 수 있다.
- 경비처리를 통해 과세소득을 줄일 수 있어 법인세 절세 효과가 있다.

▶▶ 법인카드로 식대 등을 처리할 수 있는 점도 장점에 해당한다.

넷째, 배당을 받을 수 있다.

- 법인이 이익을 내면 이를 배당으로 분배받을 수 있으며, 소득이 없는 가족 구성원에게 분산 배당함으로써 종합소득세 누진세율을 회피할 수 있다.
- 배당소득은 금융소득이므로 배당세율(15.4%)로 분리과세가 가능하며, 종합과세 대상 여부를 조절할 수 있다.

▶▶ 배당도 훌륭한 노후자금이 될 수 있다.

다섯째, 주식으로 상속이나 증여를 할 수 있다.

- 가족법인 주식을 자녀에게 증여하면 자산을 현금 없이도 분산 이전할 수 있으며, 일정 시점에서 주가가 낮을 때 증여하면 절세할

수 있다.
- 자녀가 지분을 보유함으로써 향후 가업 승계나 상속 설계에 유리한 구조를 만들 수 있다.

≫ 이외에 법인을 통해 퇴직금 지급이나 연금 설계 등도 가능해 노후 대비 전략을 세우는 데 유리하다. 이러한 설계는 예전부터 내려온 방식에 해당한다.

2. 단점

첫째, 관리비용이 많이 든다.
법인과 주주 등에 대한 다양한 세무(장부 처리)와 노무 등을 관리하는데 비용이 소요될 수 있다.

둘째, 법인세 외에 배당소득세, 건보료 등이 추가될 수 있다.
법인이 벌어들인 이익에 대해 배당할 경우 소득세와 건보료의 부담이 뒤따를 수 있다.

셋째, 부동산에 대한 각종 세금이 중과세될 수 있다.
주택을 취득하면 취득세가 12%(단, 공시가격 2억 원 이하는 1%)까지 올라가며 종부세 등이 부담이 될 수 있다. 특히 부동산 임대업은 법인세율이 19~24%(2026년 20~25%)가 적용될 수 있다.

넷째, 세무 조사의 표적이 될 수 있다.
가족법인을 이용해 개인 세금을 줄이는 행위로 비칠 수 있어 이에 대한 감시가 점점 증가하고 있다.

≫ 가족법인을 운영하기 위해서는 장점을 극대화하고 단점을 최소화하는 방향으로 설계를 해야 한다. 가족법인의 운영과 관련된 세무상 쟁점 등은 저자의 《가족법인 이렇게 운영하라》를 참조하기 바란다.

Tip 가족법인과 노후 대책

1. 카드 사용

법인카드로 소소한 식비 등을 결제할 수 있다.

2. 급여나 상여, 퇴직금 수령

근로에 따른 급여 등을 수령할 수 있다. 이러한 소득원은 매우 중요한 노후 생활비의 원천이 될 수 있다.

3. 배당금 수령 등

주식 보유에 따른 배당금을 받을 수 있다.

50대가 가족법인을 통해 급여를 받는 법

50대는 소득이 줄고, 자산은 늘어나는 시기다. 이때 법인을 설립해 자산을 법인 명의로 옮기고, 본인은 법인의 대표이사로 급여를 받으면 여러 면에서 유리하다. 이때 급여는 다음과 같은 이점을 가져다준다.

- 건보료 조절 → 지역가입자보다 낮은 기준으로 건보료가 부과된다.
- 법인세 절세 → 급여는 법인의 필요경비로 인정되므로 법인세 줄어든다.
- 노후 대책 일환 → 대표이사로 근무하면 급여와 퇴직금을 받을 수 있다.

그렇다면 구체적으로 어떻게 '급여'를 처리해야 할까?

1. 급여 지급을 위한 준비 절차

첫째, 대표이사로서의 '직무'를 명확히 해야 한다

가족법인이라 하더라도 '일 안 하고 돈 받는 구조'는 안 된다. 대표이사 또는 이사의 역할을 명확히 한다(예 : 경영 전반의 관리 등).

▶▶ 최소한의 업무기록(업무일지 등)을 갖추면 더 좋다.

둘째, 이사보수 결정 절차를 거친다
급여는 단순히 지급한다고 끝이 아니다. 다음과 같은 절차를 반드시 거친다.
- 주주총회(이사회) 의결 : '이사의 보수를 월 ○○만 원으로 결정한다'라는 결의서 작성
- 보수 지급 규정 마련 : 직원이 있으면 급여 기준 마련

▶▶ 세무 조사 시 가장 많이 보는 부분이 '왜 급여를 받았는가'이다.

셋째, 급여 지급 방식과 보험 처리
- 법인 통장에서 개인 통장으로 이체 : 이때 매월 일정한 날짜에 지급하면 좋다(예 : 매월 20일).
- 지급명세서 제출 : 매년 3월까지 전년도 근로소득 지급명세서를 제출해야 한다.
- 4대 보험 가입 여부 : 대표이사는 국민연금·건강보험은 가능하나, 고용보험은 가입 안 된다.

2. 적용 사례

사례를 통해 위의 내용을 확인해보자. K씨는 58세로 조만간 퇴직을 앞두고 가족법인 설립을 준비 중이다.

〈자료〉
- 사업 내용 : 경영 자문 등
- 예상 매출 : 연간 2억 원

01 만일 실제 매출이 2억 5,000만 원 발생했다고 하자. 이때 이익은 얼마인가? 비용은 식대 등 잡비 성격이 5,000만 원 소요되었다고 하자.

이익은 2억 원이다. 매출에서 비용을 차감해 계산해서 그렇다.

02 예상되는 세금은 얼마나 예상되는가?

세무조정 등을 고려하지 않으면 2억 원 이하는 9%(9.9%)가 적용되므로 1,800만 원(지방소득세 포함 시 1,980만 원) 정도가 예상된다.

≫ 소득세의 경우에는 2억 원에 38%와 1,994만 원의 누진 공제를 적용하면 5,606만 원 정도가 예상된다.

03 만일 K씨가 자신의 급여로 1억 원을 책정하면, 위의 결과는 어떻게 되는가?

이익이 1억 원으로 축소되므로 법인세는 900만 원(지방소득세 포함 시 990만 원)이 예상된다. 단, 이 경우 근로소득에 대해서는 소득세가 별도로 부과된다.

≫ 대표이사의 급여는 통상적인 범위 내에서 세금과 건보료 등의 관계를 통해 정하도록 한다. 이때 주의할 것은 통상적인 범위를 지나치게 벗어나서는 곤란하다는 것이다. 너무 과도한 급여는 부당행위계산 부인의 대상이 될 수 있기 때문이다. 소규모 가족법인의 대표라면, 월 100~500만 원 선이 일반적이다.*

* 결손이거나 매출이 없는 경우에도 대표이사 급여 처리를 할 수 있다.

04 Q3에 따라 근로소득이 발생하면 건보료의 관계는 어떻게 되는가?

K씨가 다른 직장가입자의 피부양자로 등록이 되었거나 지역에서 건보료를 내는 상태에서 근로소득이 발생한 경우라면, 해당 소득이 발생할 때부터 직장에서 건보료를 내게 된다.*

* 만일 직장에서 건보료를 내고 싶지 않다면 무보수 신고를 하면 된다.

05 임원도 퇴직연금에 가입할 수 있는가?

당연하다.

06 가족 구성원이 법인의 직원으로 근무하며 급여를 받는 경우, 이를 비용으로 처리할 수 있을까?

가능하다. 가족이 실제로 근무하고 있고, 급여가 직무에 상응하는 수준이라면 세무상 인건비로 비용으로 처리할 수 있다. 다만, 다음 조건을 만족해야 한다.

- 근무 내용, 근무 시간 등을 입증할 근로계약서, 출퇴근 기록 등
- 실제로 급여 이체 및 4대 보험 가입 등 증빙 확보

>> 가족 간의 급여는 세무 조사 시 가공인건비, 과다인건비로 판단되면 부인될 수 있으므로 주의해야 한다.

Tip 근로소득과 퇴직소득의 비교

구분	근로소득	퇴직소득
발생 시기	매월 발생	퇴직 시 일시 발생
소득 구분	종합소득	분류과세 소득(퇴직소득)
과세 방법	종합과세(다른 소득과 합산)	분류과세(다른 소득과 합산하지 않음)
세율 구조	종합소득세율 : 6~45%	퇴직소득세율 : 연분 연승법 (실효세율 낮음)
공제 항목	근로소득공제, 인적공제 등 다양	퇴직소득공제(근속연수 기준, 고액일수록 유리)
연말정산 여부	매년 연말정산 필수	퇴직 시 1회 정산(연말정산과 별개)
건보료 반영 여부	포함(보수월액에 따라 부과)	미포함(건보료 부과대상 아님)
국민연금 등 4대 보험	원천공제	미적용
종합소득세 신고 시 반영 여부	포함(다른 소득과 합산)	제외(별도로 정산)

50대가 법인을 통해 경비처리 하는 방법

50대가 자신의 법인을 설립한 경우, 이를 통해 경비처리(비용처리)를 잘하면 세금 절세는 물론이고, 개인의 자산 이전, 노후 준비, 자녀 증여 등 다양한 목적을 달성할 수 있다. 다만, 세법상 인정되는 합리적인 범위 내에서 처리해야 추후 문제가 생기지 않는다. 다음은 50대 대표자가 자신의 법인을 통해 활용할 수 있는 주요 경비처리 방법에 해당한다.

1. 50대가 경비처리 시 알아둬야 할 것들

① 업무 관련 비용처리
- 복리후생비 : 임직원을 위한 식대나 회식비 등을 처리할 수 있다.
- 기업업무 추진비 : 중소기업 업종의 경우 기본적으로 연간 3,600만 원 정도를 사용할 수 있다.
- 차량 유지비 : 법인 명의 차량 사용 시 유류비, 보험료, 수리비 등을 비용으로 처리할 수 있다. 개인 차량은 유지비 정도 처리가 가능하다.

- 통신비, 사무실 임차료, 관리비 등 : 대표자가 실제 업무에 사용하면 법인 경비로 처리할 수 있다.
- 소모품비, 기업업무 추진비, 교육비 : 법인 명의로 지출하고 영수증 및 사용 목적을 기록해야 한다.

≫ 가족법인이 사택 관련 비용을 처리할 때는 주의해야 한다. 직원을 위한 용도가 아니면 비용으로 인정받기가 힘들기 때문이다.

② 법인카드 적극 활용

법인이 경비처리를 위해서는 기본적으로 증빙이 있어야 한다. 따라서 소소한 비용은 법인카드를 통해 경비처리를 하도록 한다.

※ **경비처리 시 주의사항**
- 사적 비용을 업무비용처럼 위장하면 비용처리가 부인될 수 있다.
- 적격증빙 확보가 중요하다. 미리 세금계산서, 카드전표, 계약서 등을 수취한다.

≫ 법인계좌에서 근거 없이 자금을 인출하면 해당 자금에 대한 이자(4.6%)는 법인과 개인의 소득으로 보아 법인세와 근로소득세를 부과하므로 주의해야 한다.

2. 적용 사례

사례를 통해 위의 내용을 알아보자.

〈자료〉
K씨는 본인 명의 상가를 자녀들과 함께 설립한 가족법인(부동산 임대업)으로부터 해당 상가를 임차하고 있다. 가족법인은 매년 임대수입 1억 원 정도가 발생하며, K씨는 가능한 비용을 적정하게 반영해 법인세 부담을 줄이고자 한다.

01 가족법인이 적법하게 비용으로 처리할 수 있는 항목에는 어떤 것들이 있는가?

법인은 실제 사업에 필요하고 지출 증빙이 가능한 해의 손금(비용)으로 인정된다. 가족법인이 대표적으로 비용으로 처리할 수 있는 항목은 다음과 같다.

- 상가 건물의 임차료(K씨에게 지급하는 임대료)
- 관리인 급여 및 4대 보험료
- 세금과 공과금, 건물의 수선비, 보험료
- 감가상각비(비품이나 인테리어 등 자산) 등

단, 사적 비용이나 특수관계인에게 지급한 과다한 비용은 손금불산입(비용 부인과 같은 의미) 될 수 있다.

02 가족법인이 대표이사가 차량을 사용하는 경우 비용처리는 어떻게 해야 하는가?

업무용 차량의 유지비나 리스료 등을 비용으로 처리하려면, 다음을 충족해야 한다.

- 해당 차량을 '업무용 승용차'로 등록 및 구분 관리하고 업무전용 보험에 가입(8,000만 원 초과한 승용차는 연두색 번호판 부착)
- 운행일지 작성 등 업무 사용 내역 입증(미작성 시 일반법인은 1,500만 원, 임대법인은 500만 원 한도 내에서 경비 인정)

특히 대표이사 차량은 사적 사용 여부에 대한 국세청의 모니터링이 강화되고 있으므로 주의해야 한다.

03 대표이사가 개인적으로 사용하는 식사대도 비용처리가 가능한가?

원칙적으로 사적으로 사용하는 비용은 업무 무관 비용으로 보지만, 실무에서는 이를 구별하는 것이 불가능하므로 큰 틀에서 비용처리가 되는 경우가 많다.

04 법인카드를 가족이 사용하면 어떻게 되는가?

이는 부당행위로 보아 해당 금액은 법인의 비용으로 인정하지 않는 한편 사용자의 소득으로 보아 과세를 하게 된다.

05 법인계좌에서 돈을 근거 없이 인출하면 어떻게 되는가?

근거 없이 인출한 자금(가지급금)에 대해서는 세법상 이자율(4.6%)을 적용해 해당 금액을 법인의 이익으로 보는 한편 대표이사의 상여로 보아 각각 과세한다.

06 대표이사 등에게 빌린 돈에 대한 이자를 지급하지 않아도 문제는 없는가?

그렇다. 세법은 이자를 지급하지 않으면 법인의 이익이 많아지고 그에 따라 법인세가 많이 들어오므로 이에 대해서는 별 문제를 삼지 않는다.

Tip 법인카드 사용 시 주의할 것들

- **업무와 무관한 지출 금지**
  예 : 가정용 생필품, 자녀 학원비, 가정용 가전제품 등 → 전액 부인 대상

- **병원비·미용·성형 관련 지출**
  업무상 치료 목적이 아닌 성형외과·피부과 비용은 부당행위로 간주될 수 있음.

- **유흥업소 및 퇴폐업종 사용**
  룸살롱, 클럽, 바 등에서의 사용은 기업업무 추진비 불인정

- **상품권 과다 매입**
  복리후생 목적이 아닌 상품권 구매는 명의 위장, 사적 유용 의심 가능성이 큼. 특히 연말·분기 말 집중 매입은 세무 조사 포인트임.

- **차명 사용 및 허위증빙**
  가족 명의 가맹점, 가공 매출처 이용 시 명의 위장, 허위거래로 가산세 부과 가능성이 큼(세무 조사의 표적이 될 수 있음).

가족법인의 과세 방법과 세후 이익의 계산

개인은 다음 해 5월 중에 소득세를 신고하지만, 법인은 다음 해 3월 중에 법인세를 신고한다(12월 결산법인의 경우). 그런데 이 둘의 세금은 과세표준 및 세율 등에서 차이가 있다. 다음에서는 개인과 법인의 과세구조를 비교해보고, 이를 기초로 법인의 세금과 건보료 등에 대해 알아보자.

1. 개인과 법인의 과세소득 범위와 과세 방법

개인사업자를 포함한 개인과 법인이 벌어들인 소득에 대해서는 과세 방법이 다르다. 이를 정리하면 다음과 같다.

구분		내용	과세 방법	
			개인	법인
종합소득	이자·배당소득	자금 대여나 출자의 대가로 얻은 이자 또는 배당소득	종합과세 또는 분리과세	법인세(단, 법인은 근로·연금·퇴직소득 없음)
	근로소득	근로의 제공에 따라 얻은 소득	종합과세	
	사업소득	사업 활동을 통해 얻은 소득	종합과세	
	연금소득	연금자산을 통해 얻은 소득	종합과세 또는 분리과세	
	기타소득	영업권 등의 양도로 얻은 소득 (일시적)	종합과세 또는 분리과세	
퇴직소득		퇴직 시 받은 일시 퇴직금	분류과세	
양도소득		부동산을 양도해 얻은 소득	분류과세	

개인은 8가지의 소득의 종류에 따라 종합과세(분리과세 포함)와 분류과세를 적용하나, 법인은 소득을 구분하지 않고 법인의 단일소득으로, 이에 대해 법인세를 부과한다.

2. 적용 사례

사례를 통해 위의 내용을 확인해보자. 참고로 2026년부터 9~24%의 세율이 10~25%로 인상될 예정이다. 사례는 9~24%를 적용한다.

〈자료〉
- 매출 : 연간 5억 원
- 비용 : 매출의 50%
- 기타 : 세법상 기업업무 추진비 한도 초과 등 5,000만 원
- 세율 : 소득세율 6~45%, 법인세율 9~24%

01 당기순이익에 대해 예상되는 소득세와 법인세는?

구분	소득세	법인세
수입	5억 원	5억 원
-비용	2억 5,000만 원	2억 5,000만 원
=당기순이익	2억 5,000만 원	2억 5,000만 원
±세무조정	5,000만 원	5,000만 원
=소득금액	3억 원	3억 원
×세율	38%	19%
-누진 공제	1,994만 원	2,000만 원
=산출세액	9,406만 원	3,700만 원
지방소득세 포함 시 산출세액	1억 346만 원	4,070만 원

참고로 세무조정은 회계상의 당기순이익을 계산하는 수입과 비용이 세법 기준을 위배했을 경우, 이를 세법에 맞게 고치는 작업 과정을 말한다.

02 앞의 결과 법인세는 더 적게 나왔는데 법인이 추가로 부담해야 할 세금은 없는가?

아니다. 세후 잉여금을 배당으로 지급하면 이에 대해서는 추가적인 배당소득세가 발생할 수 있다.

03 만일 위의 사업을 개인으로 운영하다가 법인으로 전환해도 되는가?

그렇다. 이때 다음과 같은 지침을 통해 이 문제를 해결하도록 한다.

- 업종이 서비스업인 경우 → 개인사업체를 폐업하고 법인을 신설

해 운영하면 된다.
- 업종이 도·소매업인 경우 → 사업 자체를 포괄적으로 법인에 양도한다. 이렇게 하면 재고자산에 대한 부가가치세를 생략할 수 있다(포괄양수도).
- 업종이 부동산 임대업인 경우 → 개인 부동산을 법인에 이전하면 양도세와 취득세가 발생한다. 다만, 이 중 양도세는 법인이 양도할 때 납부를 할 수 있는데, 이를 위해서는 법에서 정하는 자본금을 현물이나 현금으로 출자해야 한다. 이 부분은 세무상 쟁점이 많으므로 전문가의 도움을 받아 진행해야 한다.

>> 법인전환에 대한 자세한 내용은 저자의 《개인사업자를 유지할까, 법인사업자로 전환할까》를 참조하기 바란다.

04 법인의 대표이사 등은 건강보험료를 어떤 식으로 내는가?

개인은 사업소득금액을 기준으로 건강보험료가 발생하나, 법인은 대표이사 등이 받은 급여를 기준으로 건강보험료가 책정된다.

05 Q4에서 대표이사 급여는 어떻게 책정할 수 있는가?

무보수부터 받고 싶은 만큼 정할 수 있다. 다만, 금액이 과도한 경우에는 세무 리스크가 올라가는 한편 건보료(7.09%)가 많아지는 등의 단점이 발생한다.

가족법인으로부터 배당금을 받을 때 알아야 할 것들

배당은 기업이 벌어들인 이익 중 일부를 주주들에게 분배하는 것을 말한다. 보통 연말에 배당받을 주주를 결정하고 다음 해 3월 중에 배당하는 경우가 많다. 이는 전형적인 이익배당으로 대개 금전으로 정해진 절차에 따라 지급한다. 그런데 배당은 연도 중에도 할 수 있는데, 이를 중간배당이라고 한다. 물론 이를 위해서는 상법에서 정한 절차를 지켜야 한다. 다음에서는 배당과 관련해 알아야 할 것들을 정리해보자.

1. 배당금과 관련되어 알아야 할 것들

첫째, 배당의 종류

상법상 배당에는 다음과 같은 유형이 있다.

구분	내용	비고
이익배당	이익을 현금으로 배당하는 것을 말함.	상법 제462조
중간배당	이사회의 결의를 거쳐 사업연도 중에 하는 이익배당을 말함(연 1회).	상법 제462조의3

구분	내용	비고
현물배당	현물로 배당하는 것을 말함.	상법 제462조의4
감액배당	자본잉여금으로 배당하는 것을 말함.	상법 제461조, 제461조의2
주식 배당	주식으로 배당하는 것을 말함.	상법 제462조의2

이 중 이익배당은 결산에 따라 나온 잉여금을 주주들이 받는 전형적인 배당 형태를 말한다(주주총회 의결). 배당금은 정기 주주총회나 이사회에서 지급 시기를 따로 정한 경우를 제외하고는 주주총회 승인 뒤 1개월 안에 지급해야 한다. 중간배당은 회계연도 중간에 배당하는 것을 말하며, 회계연도 중에 1회만 가능하다. 이때 반드시 현금으로 배당해야 하며, 미리 정관에 관련 내용이 기재되어야 하고, 이사회의 결의로 배당을 할 수 있다(상법 제462조의3 제1항). 한편 배당을 현금이 아닌 부동산 같은 현물로도 배당할 수 있다. 다만, 이를 위해서는 정관에 관련 규정이 미리 있어야 하며, 배당 시 현물평가를 제대로 하지 않으면 세법상 부당행위계산부인 제도 등이 적용될 수 있다는 점에 유의해야 한다. 이 외에도 법인의 자본금 외의 자본잉여금을 배당할 수도 있는데, 이는 배당 재원이 잉여금이 아니므로 감액배당이라는 용어를 사용하고 있다. 주식배당은 잉여금을 주식으로 배당하는 것을 말한다.

둘째, 배당금에 대한 세금과 건보료의 부과 방식

① 원천징수

배당금 수령 시 15.4%(소득세 14%+지방소득세 1.4%) 자동 원천징수가 되며, 세금 공제 후 입금된다.

② 과세 방법

연간 배당소득이 2,000만 원을 초과하면 원칙적으로 다른 소득과 합산해 종합소득세 신고 대상이며, 그 이하의 금액은 무조건 분리과세된다.

③ 건보료

배당소득은 원칙적으로 건보료 산정에 소득으로 반영된다(단, 금융소득이 1,000만 원 초과분이 소득에 포함됨). 한편 금융소득 등이 일정 기준(현재 2,000만 원 등)을 초과하면 직장 피부양자 자격이 박탈된다. 이에 대해서는 3장과 4장을 참조하기 바란다.

셋째, 배당소득에 대한 절세방안

배당소득이 과다하게 나올 때는 주식명의 이전, 배당소득 수령 시기 조절 등을 통해 소득을 분산하도록 한다.

2. 적용 사례

사례를 통해 위의 내용을 알아보자.

〈자료〉
- 주주 현황 : 가족 4명(지분율 25%씩)
- 이익잉여금 : 10억 원

01 이익잉여금 중 4억 원을 배당한다고 하자. 주주들은 얼마씩 받을 수 있는가? 현금배당액의 10%를 자본금의 1/2까지 적립하는 이익준비금은 없다고 가정한다.

1인당 1억 원씩 가능하다.

02 만일 한 명의 주주만 배당을 받으면 어떤 문제가 있는가?

불균등배당을 받은 주주에 대해 소득세 외에 증여세가 나올 수 있다.

>> 배당은 주주의 지분에 맞게 이루어져야 한다. 주식 소유비율과 다르게 배당한 경우 불균등하게 배당을 받은 주주에게 소득세와 증여세가 동시에 발생할 수 있기 때문이다. 주주의 지분율을 어떤 식으로 정하는 것이 좋을지는 별도의 연구가 필요하다. 설립 이후에도 그렇다. 저자의 카페 등으로 문의해도 된다.

03 배당은 사업연도 중에 받을 수 있는가?

그렇다. 이를 중간배당이라고 한다.

>> 중간배당은 배당 가능한 이익(순자산가액-자본금과 이익준비금 등) 내에서 이루어져야 한다.

04 배당은 반드시 현금으로 이루어져야 하는가?

아니다. 부동산이나 기타 채권 등으로도 가능하다. 다만, 이 경우 세법상 시가와 동떨어지게 평가가 되면 부당행위계산 제도 등이 적용될 수 있다.

05 배당금을 받으면 세금 정산과 건보료 부과에 어떤 영향을 주는가?

이자와 배당소득의 합계액이 2,000만 원 초과 시 종합과세, 피부양자 자격 상실 등의 불이익이 있다. 그리고 지역에서 건보료가 나오는 것이 원칙이다.

인생 재무와
세금 관리법

 지금까지 앞에서 살펴본 내용은 대부분 50대를 중심으로 은퇴 전후의 사람들이 반드시 알아야 할 핵심적인 것들이다. 그런데 해당 내용을 좀 더 깊이 들여다보면, 이는 생애 전반에 걸쳐 발생하는 다양한 소득과 현금흐름에 따라 달라지는 세금과 건보료를 설명하고 있다는 것을 알 수 있다. 즉, 지금 겪고 있는 세금 문제들은 어느 날 갑자기 등장한 결과물이 아니라, 수십 년에 걸친 재무·세무 의사결정의 축적된 결과일 수 있다. 따라서 이러한 흐름을 제대로 이해하고 대응하기 위해서는 단편적인 세금 지식만으로는 부족하며, 생애주기 관점에서 이들을 관리하는 접근법이 필요함을 알 수 있다. 다음에서는 연령대별 재무관리 전략과 세금 관리의 핵심을 대략 정리해본 후, 50대의 주요 관심사인 연금자산을 구축하는 방법을 별도로 살펴보자.

1. 연령대별 재무관리(재무제표 기반)

 재무관리는 현재의 재무상태와 손익현황 등을 토대로 평생 마르지 않는 현금흐름(Cash Flow)을 만드는 것이다. 따라서 연령대마다 관리 포인트와 전략이 달라야 한다. 아래는 20대부터 70대 이후까지 연령대별 재무관리 전략을 요약한 표다.

구분	재무상태표(자산·부채)	손익계산서(수입·지출)	현금흐름표 (현금 유입·유출)	핵심 키워드
20대	자산 축적 초기, 부채 관리(학자금, 신용카드 등 최소화), 자신만의 무형자산 토대 구축	지출 절제, 소비 습관 확립	현금흐름 파악, 저축 시작	기초 체력 만들기
30대	주택 구입 등으로 부채 증가, 자산 포트폴리오 구성 시작	맞벌이·육아 비용 증가, 절세 시작	대출금 흐름 관리, 남은 현금 확보	재무 구조 설계
40대	순 자산 증가 본격화, 투자 자산 재조정	자녀 교육비 증가, 수입 최대치	투자금 흐름 분산, 부채상환 집중	성장 vs 안정 조율
50대	자산 정비, 부채 최소화 추진	고정지출 감축, 은퇴 대비 저축 확대, 부채 관리	연금·퇴직금 관리 계획, 자녀 독립 계획	은퇴 설계 본격화
60대	자산 정체기, 유동성 자산 확보	수입 감소, 지출 통제 중요	연금 수령 시작, 현금흐름 안정화, 재산의 증여	지속 가능성 관리
70대 이후	자산 활용 중심(역모기지, 임대 등), 상속 준비	수입 지속적인 감소, 의료·요양비 증가	고정수입 (공적/사적연금) 확보	안정적 인출 전략

▶ 20~30대는 소득 기반 형성과 자산 축적이 핵심. 부채는 통제하고 소비 습관을 잡아야 한다.

≫ 이 시기에는 합리적인 소비 습관 형성이 상당히 중요하다. 생활비 중 고정비와 변동비를 구분하고, 이를 줄이는 방법을 발견해 꾸준히 실천하면 생애 동안 합리적인 소비생활을 할 수 있게 된다. 이외에도 장기적인 삶의 기본기를 갖춰야 하는 시기이므로 끊임없는 자기계발이 필요한 시기다. 무형자산을 키워놓으면 50대 이후의 소득이 증가하게 된다.

▶ 40~50대는 투자, 부채 관리, 은퇴자산 축적의 황금기. 구조화된 계획이 필요하다.

≫ 40대에서는 소득 흐름이 상당히 좋으므로 여유자금을 만드는 한편, 주택 등의 부동산과 주식 등의 금융자산에 대한 투자도 병행하도록 한다. 50대에서는 본격적인 은퇴 준비를 하게 되는데, 이때 부채가 과도한 경우에는 노후 생활이 어려워진다. 부채상환에 대한 계획을 세워 대책을 마련하도록 한다. 이외 연금자산을 점검하고 부족할 때 이에 대한 보완대책을 세우도록 한다. 직장인과 사업자의 연금자산 구축은 바로 뒤에서 살펴볼 수 있다.

▶ 60대 이후는 보유자산의 현금화와 소비 관리가 중심이 된다. 소득보다 지출의 지속 가능성이 중요하다.

≫ 60대 이후는 노후 생활을 위한 현금흐름을 잘 관리하도록 재산을 재편성하는 것이 중요하다. 특히 소득 공백기에 대한 지출을 합리화할 수 있도록 계획을 세워야 한다. 한편 재산가 집안은 상속을 준비해야 한다.

※ **인생을 위한 3대 개인 재무제표 전략**

재무제표	핵심 질문	관리 전략
재무상태표	나는 지금 얼마짜리 사람인가?	자산 확대, 부채 축소, 순 자산 증가
손익계산서	매달 얼마나 벌고 남기는가?	수익 증대, 소비 절제, 흑자 생활 유지
현금흐름표	실제로 내 통장에 돈은 괜찮게 흐르고 있는가?	현금 확보, 유동성 관리, 무리한 투자 방지

≫ 기업이 재무제표로 경영 상태를 점검하듯, 개인도 자기만의 재무제표를 작성해 재정 상태를 점검해야 한다. 특히 30대 이후에는 '감'이 아닌 '숫자'로 돈을 이해하고 관리하는 습관이 중요하다. 돈이 보이면 인생이 보인다. 숫자는 거짓말을 하지 않는다. 참고로 재무제표 지식을 활용한 인생 재무 관리법에 대해서는 향후 기회가 있으면 별도의 책으로 다뤄볼 예정이다.

2. 연령대별 세금 관리법

세금은 연령에 따라 소득 구조, 자산 규모, 지출 형태, 세법상 혜택 등이 달라지므로 연령대마다 관리 포인트와 전략이 달라진다. 다음은 20대부터 70대 이후까지 연령대별 세금 관리 전략을 요약한 표다.

구분	주요 세금 종류	세금 관리 핵심	실천 전략
20대	근로소득세, 연말정산	소득세 절세 습관 형성	• 연금저축/IRP 가입 • 월세 세액공제 • 첫 취업자 감면(취업자 소득세 감면 등)
30대	종합소득세, 부가세, 주택 관련 세금	가계 세금 구조 설계	• 사업자등록 시, 간이 vs 일반 판단 • 전세자금대출 소득공제
40대	종합소득세, 양도세, 증여세	자산 형성기 세무 최적화	• 부동산·주식 등 양도세 대비 • 부모 증여 시 세대 분리 검토 • 자녀 교육비, 보험료 공제 적극 활용
50대	퇴직소득세, 연금계좌 세금, 상속·증여세 준비	은퇴 전 자산 이전과 절세 전략 병행	• 퇴직소득세 세액계산 시 근속 기간 고려 • 연금 수령 시기별 세금 및 건보료 차이 검토 • 증여공제 활용한 재산 분산 시작
60대	연금소득세, 종합과세, 상속세	노후 소득의 세금 안정화	• 연금저축/IRP 수령 시기 조절 • 금융소득 종합과세(연 2,000만 원 초과 여부) 관리 • 사전 증여 통한 상속 대비
70대 이후	연금소득세, 상속세, 재산세	세금 최소화보다 '이전 설계'가 핵심	• 상속세 신고 대비 재산 분포 정리 • 생전 증여 전략 재정비 • 부동산·금융자산 정리 통한 세금 단순화

▶ 20~30대 : 연말정산 시 소득공제나 세액공제를 잘 챙기는 것만으로도 세금이 크게 줄어든다. 이 시기에는 세금보다 현금 흐름 확보

와 혜택 챙기기에 집중한다.

▶▶ 노후 대비용으로 연금저축 등에 가입해둔다. 연금저축 등에 가입 시에는 세액공제 등을 받을 수 있다.

▶ 40~50대 : 자산 이동과 투자 소득이 본격화되므로, 양도세와 증여세에 대한 대응이 중요해진다.

▶▶ 부동산과 주식 등 자산의 매매가 잦아지고, 자녀에게 자산을 이전할 시점도 이 시기에 본격화된다. 퇴직소득과 연금 준비도 병행되므로 다층적 전략이 필요하다.

▶ 60대 이후 : 연금과 금융소득 종합과세, 상속·증여 시기 조정이 핵심이다. 특히, 부담부 증여 등에 따른 사전 증여 전략도 고려된다.

▶▶ 60대 이후는 소득은 줄지만, 자산은 많고, 이에 따른 소득세와 건보료 부담이 늘어난다. 따라서 상속세 사전 대비와 증여 타이밍의 선택이 절세의 핵심이 된다.

> **Tip 인생 재무제표 관리법**
>
> ① 재무상태표 = 지금 내 자산과 부채 상태표
>
> | 자산 | 현금, 예금, 부동산, 주식, 연금, 무형자산 |
> |---|---|
> | – 부채 | 주택담보대출, 신용대출, 자녀 교육비 등 |
> | = 자본(순 자산) | 내 몫 |
>
> ※ 점검 사항
> - "순자산가액은 얼마인가?"
> - "연금자산은 충분한가?"
> - "부채상환은 어떻게 할 것인가?"

② 손익계산서

수익	급여, 사업소득, 임대소득, 연금, 기타수입
− 비용	생활비, 자녀교육비, 대출이자, 병원비 등
= 이익	저축 가능한 금액 또는 적자

※ 점검 사항

- "1년 동안 나는 '흑자 인생'이었나?"
- "고정비용이 너무 많이 들진 않는가?"
- "수익 구조를 다양화할 수 있을까?"

③ 현금흐름표

영업 활동 현금흐름	일해서 번 돈 → 직장, 자영업 등
투자 활동 현금흐름	투자 활동으로 돈이 들어오고 나가는 곳 → 부동산, 주식, 교육 등
재무 활동 현금흐름	빌리거나 갚는 돈 → 대출, 보험, 연금, 상환

※ 점검 사항

- "손익계산상 이익은 나는데 왜 항상 돈이 모자라지?"
- "나는 투자보다 소비에 더 많은 현금이 나가고 있지 않은가?"
- "평생 마르지 않는 현금흐름은 어떻게 구축할까?"

직장인의
연금자산 구축

생애 재무와 세금 관리의 궁극적인 목적은 개인의 인생을 위해 재산과 소득을 최적의 조합으로 관리하는 것이다. 이를 위해서는 자산과 소득을 활용해 본인의 상황에 맞게 평생 현금흐름을 만들어야 한다. 이러한 관점에서 연금자산이 상당히 중요하다. 이는 노후에 연금을 받을 수 있도록 적립된 자산을 말하는데, 좁게는 금융자산인 연금자산을 말하지만, 넓게는 노후 생활에 도움이 되는 모든 자산(부동산, 무형자산 등)도 해당한다. 다음에서 직장인이 연금자산 구축과 관련해 꼭 알아야 할 내용을 정리해보자.

1. 연금자산과 관련해 알아야 할 것들

첫째, 연금자산의 종류를 정확히 알아야 한다.

연금자산은 노후 대비용으로 활용되는 자산을 말한다. 이는 보통 금융자산으로부터 오는 국민연금, 퇴직연금, 개인연금 정도가 대표적으로 있다. 물론 이외에 주택연금도 이 자산의 범주에 포함할 수 있다. 한편 노후 생활에 도움이 되는 이자·배당소득이나 임대소득, 사업소득 등이 발생한 자산도 연금자산의 한 형태라고 할 수 있다.

둘째, 연금자산과 관련된 세금과 건보료에 대해 알아야 한다.

앞에서 본 연금소득에 대한 과세 방법 등은 다음과 같이 정리된다.

- 국민연금 동 공적연금 → 종합과세가 되며, 지역 건보료 산정 시 연금 수령액의 50%가 건보료 소득에 포함된다.
- 퇴직연금 등 사적연금 → 퇴직연금을 포함해 개인연금은 원칙적으로 분리과세되며, 건보료 소득에 포함되지 않는다.
- 이외 소득 → 원칙적으로 종합해 과세(일부는 분리과세)하며, 건보료 소득에 포함하는 것이 원칙이다(단, 1,000만 원 이하의 금융소득은 건보료 소득에서 제외).

셋째, 연금자산을 효율적으로 구축하는 방법을 알아야 한다.

매년 일정한 돈이 들어오도록 하기 위해서는 연금자산을 효율적으로 구축해야 한다. 이의 절차는 다음과 같다.

예시)

STEP 1 평균수명(통계청)에 따른 본인의 생활비 수준을 고려해 필요한 연금액을 산출한다.

STEP 2 국민연금 → 퇴직연금 → 개인연금 순으로 연금보험료를 최대한 납입을 시작한다.

이때 국민연금 소득공제, IRP와 연금저축은 세액공제가 적용되는 만큼 이 부분을 적극적으로 활용한다.

STEP 3 부족분은 다른 자산으로 구색을 갖춘다.

직장인이 사업계획이 있다면 사업자산, 그렇지 않다면 부동산이나 금융자산 등으로 부족한 현금흐름을 보완한다. 이러한 자산이 없는 경우에는 주택연금 등을 통해 보완한다.

≫ 예를 들어, 은퇴 시점이 60세이고 기대 평균수명이 85세라면 25년간 연금이 필요하다. 이때 다음과 같은 방식으로 연금액을 산출한다.

구분	60~70세		70~80세	80~85세
	60~65세	65~70세		
필요한 생활비	×××*	×××	×××	×××
연금 수령액	×××**	×××	×××	×××
연금과부족액	×××***	×××	×××	×××

* 은퇴 전과 비교해 생활비 수준을 고려한다. 예를 들어, 은퇴 전 생활비가 월평균 500만 원이라면 이의 80% 수준 등으로 교정한다.
** 65세부터 국민연금을 받는다면 5년 정도 소득 공백기가 발생할 수 있다. 이에 대해서는 별도의 대책이 필요하다.
*** 필요한 생활비에서 연금과부족액이 발생하면 이에 대해서는 별도의 대책을 마련해야 한다. 이때 굳이 연금소득만 아니라 다양한 소득이 발생하도록 노력하는 것이 좋을 것으로 보인다. 다음을 참조하자.

※ **연금자산 구축과 현금흐름**

구분		매월	합계
이자소득			
배당소득			
근로소득			
사업소득			
연금소득	• 국민연금 • 퇴직연금 • 개인연금 • 주택연금		
기타소득			
계			

≫ 연금자산의 구축은 은퇴 이후부터 사망까지 본인의 상황에 맞게 현금흐름을 구축하는 것을 목표로 한다. 이 중 될 수 있는 대로 국민연금과 퇴직연금, 그리고 개인연금은 필수적으로 갖추고 나머지는 상황에 맞게 조절할 수 있는 자세가 필요하다.

2. 적용 사례

사례를 통해 위의 내용을 확인해보자. K씨는 5년 뒤에 다음과 같은 소득으로 노후 생활을 영위하려고 한다.

〈자료〉
- 국민연금 : 매월 100만 원 수령 예정
- 퇴직연금 : 매월 100만 원 수령 예정
- 임대소득 : 매월 200만 원 수령 예정

01 위 소득을 20년간 받는다면 원금은 얼마나 되는가?

매년 4,800만 원을 20년간 받는다면 원금만 9.6억 원에 달한다.

≫ 연금의 현재가치 등에 대한 계산이 궁금하다면 AI 계산기를 통해 확인해보기를 바란다.

02 위 소득에 대한 과세 방법은?

국민연금과 임대소득은 합해 종합과세가 적용된다. 하지만 퇴직연금은 분리과세(이연 퇴직소득세를 연금소득세로 납부)한다.

03 건보료는 어떤 식으로 부과되는가?

건강보험 지역가입자라면, 다음 소득 항목을 기준으로 소득에 대한 건보료가 부과된다.

구분	반영 여부	기준
국민연금	포함 ○	국민연금 수령액의 50% 반영
퇴직연금	포함 X	사적연금은 건보료 부과되지 않음.
임대소득	포함 ○	사업소득금액(수입-비용) 포함

이외 재산(부동산)에 대해서도 건보료가 나온다.

04 만일 종합소득은 1,800만 원이고, 재산세 과세표준이 5억 원 또는 10억 원이라면 지역 건보료는 얼마인가?

국민건강보험공단의 모의 계산기를 통해 알아보면 다음과 같다.

- 재산세 과세표준이 5억 원인 경우 → 약 30만 원/월
- 재산세 과세표준이 10억 원인 경우 → 약 35만 원/월

사업자의 연금자산 구축

 사업자들은 직장인처럼 퇴직금이 없으므로 이들과는 달리 별도의 연금대책이 필요하다. 다음에서 이에 대해 알아보자.

1. 사업자의 연금대책

 사업자들이 활용할 수 있는 연금 상품에는 크게 국민연금, 개인형 퇴직연금(IRP)과 개인연금(연금저축), 노란우산공제 등이 있다.

첫째, 국민연금

 국민연금 납입액에 대해서는 전액 소득공제가 적용된다. 따라서 납입한 금액에 대해 본인에게 적용되는 세율을 곱하면 절세 효과를 얻을 수 있다. 예를 들어, 2025년에 납입한 금액이 500만 원이고 적용되는 세율이 40%라면 200만 원(지방소득세 포함 시 220만 원)의 절세 효과가 발생한다. 노후 대비도 되고 절세 효과도 얻고 일거양득이 되는 셈이다. 한편 적용받는 소득세율이 높다면, 추후 납부(추납) 제도를 활용하면 좋을 것으로 보인다. 이 제도는 실직이나 사업 중단 등으로 납부 예외를 받은 기간에 해당하는 보험료를 현재 시점에서 추가로 납부하는 것을 말한다. 참고로 국민연금 수령 시에는 3~5% 정도의 연금소득세가 발생하므로 세금은 걱정하지 않아도 된다. 한편 연금소득은 건보료에 영향을 줄 수 있으므로 이 부분도 미리 알아둬야 한다.

둘째, 개인연금(연금저축 등)

사업자도 노후 대비를 위해 연금저축(IRP 포함)에 가입할 수 있다. 세법은 이 2가지 상품에 납입한 경우 연금계좌 세액공제를 적용하며, 향후 연금을 받을 때 연금소득세(3~5%)로 과세하게 된다.

▶ 연금계좌 세액공제

구분	공제 한도	세액공제율
연금저축	600만 원	• 15%(16.5%) : 근로소득 5,500만 원(종합소득금액 4,500만 원 이하)
IRP	900만 원(연금저축 포함)	• 12%(13.2%) : 위 소득 초과분

연금계좌에 연금저축만 가입하면 600만 원, IRP만 운영하거나 연금저축과 동시에 운영하면 900만 원이 세액공제 한도가 된다. 이때 소득자에게 16.5% 공제율이 적용되면 1,485,000원(13.2%는 1,188,000원)의 세금을 환급받게 된다.

▶ 연금소득세 과세

세액공제를 받은 후 연금소득을 받으면 다음과 같이 과세한다.

구분	수령 시	5월 종합소득세 신고
연금저축	3~5% 원천징수	분리과세(3~5%, 연금 수령액이 1,500만 원 초과 시는 15%)와 종합과세 중 선택
IRP		

>> 매년 900만 원씩 10년을 연금저축 등에 납입하면 원금은 9,000만 원이 되고, 여기에 수익률 3%를 적용하면 원리금은 1억 원가량이 된다. 이에 매년 적용받은 절세금액을 더하면 노후 상품으로 손색이 없는 상품이 된다.

셋째, 노란우산공제

소상공인(프리랜서 포함)과 소기업 법인의 대표이사가 가입할 수 있는 제도로 폐업이나 사망, 법인대표자 퇴임(질병·부상), 노령(만60세 이상, 10년 이상 납입) 등의 사유 발생 시 일정액을 받을 수 있는 제도다. 이 상품은 10년 이상 납입한 60세 이상은 분할수령이 가능하고, 개인형 퇴직연금계좌(IRP)로 이체해 연금을 받을 수 있다. 한편, 이 공제 가입액에 대해서는 200~600만 원 한도 내에서 소득공제가 적용된다.

>> 노란우산공제금은 연금소득, 퇴직소득, 기타소득으로 과세될 수 있다. 수령 방식에 따른 과세 방법은 중소기업중앙회 홈페이지에서 알 수 있다.

2. 적용 사례

K씨는 24%가 적용되는 개인사업자로 다음과 같이 연금을 받을 것으로 예상한다. 물음에 답해보자.

〈자료〉
- 국민연금 : 매월 100만 원 수령(63~65세 이후부터 사망 시까지 수령, 국민연금공단에서 모의 계산 가능)
- 개인연금 등 : 매월 200만 원 수령(55세 이후 10년간 수령)
- 노란우산공제 : 폐업 등의 사유가 발생 시 수령

01 K씨가 납부 예외 기간의 국민연금 500만 원을 추납한다고 하자. 이 경우 얼마의 세금 혜택을 받을 수 있는가?

500만 원의 24%(26.4%)인 120만 원(132만 원)을 줄일 수 있다.

02 연금저축도 가입액을 늘릴 수 있는가?

그렇다. 매년 600만 원을 한도로 세액공제를 적용하기 때문이다. 만일 IRP 계좌에 추가로 입금하면 300만 원(합해서 900만 원)의 한도가 늘어나게 된다.

03 노란우산공제는 어떤 식으로 소득공제가 되는가?

노란우산공제 가입액에 대해 다음과 같이 소득공제가 적용된다.

- ▶ 소득공제 한도액 : 사업소득(근로소득) 금액에 따라 최저 200만 원(1억 원 초과 시), 최대 600만 원(4,000만 원 이하 시) 한도가 적용
- ▶ 소득공제 적용 : 노란우산공제 소득공제 한도액×종합소득세율(6~45%)

따라서 이 공제 제도도 소득이 높은 사업자(법인대표자 포함)에게 유용성이 있다.

》 사업자는 사업자산을 최대한 잘 유지하는 것이 노후 대책이 될 수 있다. 다만, 사업을 지속하기가 힘든 경우가 많으므로 미리 3대 연금을 중심으로 노후 대책을 마련해둘 필요가 있다.

Tip 권리금과 노후 대책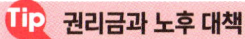

권리금도 사업자에게는 하나의 노후 대책 수단이 될 수 있는데, 그 이유 몇 가지만 나열하면 다음과 같다.

첫째, 사업의 무형자산을 현금화할 수 있다.
오랜 시간 쌓아온 입지, 단골, 매출, 인테리어 등의 영업 가치가 권리금 형태로 평가받아 퇴직금처럼 일시금으로 받을 수 있다.

둘째, 사업 종료 시 수익 확보 수단
연금처럼 매달 들어오는 소득은 아니지만, 은퇴 시점에 일시적으로 목돈을 마련할 방법이므로, 현실적인 노후 재원 역할을 할 수 있다.

셋째, 사업체를 자녀에게 물려주지 않더라도 자산화 가능
상권 좋은 점포나 업종의 경우, 임차인의 위치에서도 권리금을 받고 나올 수 있으므로 소득이 없는 은퇴 시기에 큰 도움이 된다.

» 다만, 권리금은 법적으로 보장이 되지 않고, 원칙적으로 기타소득 등으로 과세될 수 있으므로 이 부분에도 관심을 둘 필요가 있다.

신방수 세무사의
늦어도 50에 시작하는 세금 공부

제1판 1쇄 2025년 9월 9일

지은이 　신방수
펴낸이 　한성주
펴낸곳 　㈜두드림미디어
책임편집 　최윤경
디자인 　노경녀(nkn3383@naver.com)

㈜두드림미디어
등　록 2015년 3월 25일(제2022-000009호)
주　소 서울시 강서구 공항대로 219, 620호, 621호
전　화 02)333-3577
팩　스 02)6455-3477
이메일 dodreamedia@naver.com(원고 투고 및 출판 관련 문의)
카　페 https://cafe.naver.com/dodreamedia

ISBN 979-11-94223-88-7 (03320)

책 내용에 관한 궁금증은 표지 앞날개에 있는 저자의 이메일이나
저자의 각종 SNS 연락처로 문의해주시길 바랍니다.

책값은 뒤표지에 있습니다.
파본은 구입하신 서점에서 교환해드립니다.